Editora Appris Ltda.
1ª Edição - Copyright© 2016 dos autores
Direitos de Edição Reservados à Editora Appris Ltda.

FICHA TÉCNICA	
EDITORIAL	Sara Coelho Augusto V. de A. Coelho Marli Caetano
COMITÊ EDITORIAL	Andréa Barbosa Gouveia - Ad hoc. Edmeire C. Pereira - Ad hoc. Iraneide da Silva - Ad hoc. Jacques de Lima Ferreira - Ad hoc. Marilda Aparecida Behrens - Ad hoc.
ASSESSORIA EDITORIAL	Jhary Artiolli
COORDENAÇÃO - ARTE E PRODUÇÃO	Adriana Polyanna V. R. da Cruz
DIAGRAMAÇÃO	Andrezza Libel de Oliveira
CAPA	Sara Coelho
REVISÃO	Bruna Fernanda Martins
WEB DESIGNER	Carlos Eduardo H. Pereira
GERENTE COMERCIAL	Eliane de Andrade
LIVRARIAS E EVENTOS	Estevão Misael | Milene Salles
ADMINISTRATIVO	Selma Maria Fernandes do Valle

Dados Internacionais de Catalogação na Publicação (CIP)
Elaborado por Sônia Magalhães
Bibliotecária CRB9/1191

G934
2016

Guerra, Joyce
Muito além da sobrevivência : sobre acolhimento, não-violência e inclusão /
Joyce Guerra. – 1. ed. – Curitiba : Appris, 2016.
214 p. ; 21 cm

Inclui bibliografias
ISBN 978-85-473-0146-0
1. Infância – Narrativas pessoais. 2. Interação social. 3. Crônicas. II. Título.
CDD 20. ed. –   808.

Editora e Livraria Appris Ltda. | Selo Editorial Artêra Holística
Rua General Aristides Athayde Jr., 1027 – Bigorrilho
Curitiba/PR – CEP: 80710-520
Tel: (41) 3203-3108 - (41) 3030-4570
http://www.editoraappris.com.br/

Daí ele pergunta:

– Mamãe, algum dia eu vou ser normal?

Respondo, parando de arrumar as roupas:

– Quem você acha que é normal?

– A senhora?

– Eu sou cega. Não dá pra dizer que sou normal.

– Mesmo assim...

– Mesmo assim, nada. Eu posso ser legal; normal, não. Próxima pessoa?

– Mariles?

– Ela é boazinha demais pra ser normal. E não é normal falar só aos 4 anos de idade. Próxima?

– Ciclana...

– Cega também. Tá fora. Quem mais?

– Fulaninho.

– Uma pessoa que come 28 pedaços de pizza num rodízio, e ainda conta por aí, não é normal. Próxima?

– Meu colega...

– Esse aí? A mãe dele faz trilha. E no frio. Uma pessoa que nasce de uma mulher que faz trilha no frio não pode ser normal. Quem mais?

– A vovó Celeste.

– Minha mãe?! Tá zoando, né? Minha mãe não é normal, de nenhum ponto de vista.

– Então, quem que é normal?

– Nem sei, Estêvão. Esse é um conceito geralmente superestimado, que só serve pra excluir os outros. Não queira ser normal. Queira ser legal e resiliente, que dá mais futuro.

Marido ouve e atalha:

– Jô, você tem noção de que isso pode não ser bom pra ele?

– Se ele tiver sorte, quando crescer esse lance de normalidade já vai ter sido ultrapassado... Quem vai querer ser normal se puder ser de verdade?

Aluizio Boynard... Que me via com tanta ternura, que me fez querer ser a pessoa de sua imaginação. Meu saudoso e dileto amigo... Sigo tentando.

Thamires Aguiar...
Quando te conheci, tive de escrever que senti Deus mais perto naquele dia. Embora o tempo haja sido curto, terei o resto da vida para bendizer o fato de nossas histórias terem se cruzado.

AGRADECIMENTOS

À Sara, minha editora corajosa, autêntica e linda, não apenas por
 ter desejado ler um livro que ainda não existia, mas por me iluminar com
suas luzes.
À Moniquinha, por ser minha amiga.
Ao Vinícius, meu "cajado"... Que eu tenha a honra de seguir
sendo seu farol.
A Estêvão, Cristóvão e Mariles, por se terem confiado a nós.
À Celeste Guerra, minha mãe, por ter escolhido sê-lo e manter
essa
escolha até hoje.

SOMBRAS E LUZ

...de Hippolyte a Dumbledore.

Conheci Jobis nas esquinas cibernéticas das listas de discussão sobre parto humanizado nos primórdios deste milênio. Eu acreditava - e ainda carrego comigo esta fé - que o conhecimento é uma ferramenta libertadora para a transformação social. As listas de discussão criadas logo depois que a Internet se alastrou, foram a primeira grande estratégia para disseminar informação de qualidade fora dos ambientes técnicos das corporações, e essa possibilidade me deixou profundamente entusiasmado. Morando no extremo sul do Brasil e distante da efervescência do debate aberto dos grandes centros, como São Paulo e Rio de Janeiro, minha vida como obstetra humanista sempre foi de profundo isolamento. A dor da solidão auto infligida, e a carência de ouvidos compassivos, me transformaram em um sujeito acabrunhado e sério. Eu me sentia como Frodo, carregando solitariamente o anel pela Terra Média, desconfiando de tudo e de todos. Na minha trajetória o anel a carregar simbolizava a humanização do nascimento e sua proposta de resgate da atenção integrativa do parto, do protagonismo restituído à mulher e da conexão firme com as evidências científicas como norteadoras de condutas. Nada mais explosivo do que isso, o que naturalmente coloca qualquer profissional em perigo por desafiar os poderes instituídos.

As listas de discussão tinham como característica a horizontalidade dos debates. Ali não havia "especialistas" ou donos da verdade; qualquer um poderia expressar livremente sua opinião e ler as múltiplas respostas que chegariam dos demais participantes. O que me seduzia era poder "escutar" a voz das mulheres, entender como elas construíam e elaboravam sua própria narrativa de parto, como enxergavam o nascimento de seus filhos, sem a formatação prévia de um profissional que enquadrasse seu discurso dentro de um modelo padronizado. Não, estas listas só tiveram uma repercussão importante no nascente movimento de humanização exatamente por terem essa característica democrática e aberta. Eu mesmo jamais deixava transparecer minha profissão quando participava dos debates, e assinava tão somente "Ric", que é como me conhecem as pessoas desde então.

Entre os inúmeros personagens que protagonizavam histórias e relatos nas listas sobressaía uma menina do interior de Minas Gerais - Guaxupé. Seu apelido Jobis até hoje gera debates: onde diabos colocamos a sílaba tônica? Jobís ou Jóbis? Eu me decidi pela segunda alternativa, mas não vejo que ela tenha qualquer validade superior à anterior; apenas me soa melhor.

Jobis encantava a todos com sua escrita sofisticada e seu uso impecável do português. Sua maneira delicada e gentil de nos contar histórias densas e contundentes funcionava como um adesivo a grudar nossos olhos na tela. Sua história de violência obstétrica marcou a todos que tiveram a oportunidade de lê-la; ninguém passou incólume pela descrição detalhada de sua cesariana catastrófica. Por isso, e mais tantas coisas de sua história, Jobis é uma verdadeira sobrevivente.

Tenho certeza de que não fui o único que descobriu a sua deficiência visual bastante tempo depois de ler suas histórias. Sua desenvoltura com as palavras não nos permitia acreditar que ela fosse portadora de qualquer deficiência. Mas, ao invés de causar espanto ou consternação, nossa admiração por ela crescia. Cada história contada, cada detalhe dos filhos, cada pensamento e ponderação nos enchia de surpresa. "Como escreve essa menina!!", pensava eu. Faziam coro comigo as pessoas que, logo após uma de suas histórias, exclamavam: "Jobis, você precisa escrever um livro com suas histórias". Para esse livro nascer acho que muito ajudou o "Kristeller do bem" que todos nós fizemos. Esse livro é, portanto, o exercício de um dos mais belos exemplos de fraternidade humana: a generosidade do saber.

Para além da minha admiração pelos escritos de Jobis com o tempo foi se formando entre nós uma forte amizade. Com o passar do tempo vi que ela se aproximava com alguma questão mais pessoal, principalmente no nascimento de Cristóvão, seu último filho. Sua gravidez foi compartilhada por todos aqueles que sentiam junto com elas as dúvidas, incertezas, angústias, temores e expectativas. Depois desse nascimento ficamos mais próximos e pudemos trocar ideias que se afastavam do ideário da humanização do nascimento. Aí as redes sociais foram uma ferramenta que nos facilitou o contato instantâneo e nos possibilitou uma rica troca de mensagens. Para Jobis dediquei a primeira leitura de meu segundo livro "Entre as Orelhas – Histórias de Parto", e foi com viva ansiedade que contei as horas esperando seus comentários. Suas palavras de estímulo para um livro surgido de uma profunda dor e uma grande tristeza foram um bálsamo que ajudará a minimizar as dores que a vida marca na alma.

Na ocasião de uma das minhas inúmeras desavenças no Facebook senti que Jobis, para me acalmar e consolar, passou a conversar mais sobre estes temas tão espinhosos. Foi aí que descobri sua ligação com o Espiritismo, conexão essa compartilhada comigo. Passamos horas durante as madrugadas debatendo a visão espírita, Kardec - Hippolyte Léon - as falhas na doutrina espírita e sua visão progressista. Também falávamos de feminismo e nossa admiração pelo movimento de mulheres, enquanto eu contava das minhas pequenas decepções com um movimento necessário, vibrante e transformador.

Falávamos de sombras, sem medos ou reservas. Debatíamos o contexto político assustador e nossa decepção com o modelo obstétrico. Criticávamos o moralismo ainda existente no movimento espírita e as dificuldades para superar os rancores que ainda afastam homens e mulheres da luta feminista. Tínhamos uma noção muito clara da importância das mulheres na luta pela humanização do parto, mas também sabíamos que os discursos que permeavam o debate pelo nascimento digno muitas vezes produziam divisões entre as mulheres, ao invés de uni-las. Era preciso descobrir um discurso unificador, centrado na mulher, a partir de suas perspectivas subjetivas, numa visão holística e integrativa, focado no protagonismo garantido a elas sem abrir mão dos recursos tecnológicos ao nosso dispor. Para isso era essencial conectar as mulheres através do cimento da sororidade, tão debatida e preciosa quanto rara e difícil de achar.

Nossas conversas também circulavam pelo universo dos cegos. Como todo vidente, tenho curiosidades sobre como se organiza a vida de um cego, principalmente nas coisas pequenas do dia a dia. As descrições de Jobis sobre a deficiência e seus desafios sempre me encantaram, cheias de criatividade, humor, picardia e otimismo. Sei que muitas amigas suas, igualmente cegas, poderão se deliciar com suas histórias e casos pitorescos.

Entretanto, nossas conversas também tocavam a luz, e nossa luz eram as crianças. Jobis tem a mesma idade do meu filho mais velho, e o nascimento de seu último filho quase coincide com a chegada do meu primeiro neto. O nascimento de meu neto Oliver, com todas as atribulações e desafios que o cercaram, me jogou novamente no mundo da paternidade, desta vez de forma indireta. Um neto que nasce é uma alegria indescritível, por isso ler as histórias de Jobis com seus filhos, e a inesgotável fome de vida que os acompanha, de certa forma me atingia na nova fase que eu ingressava. A forma carinhosa como Jobis relata cada encontro com seus pequenos, e a companhia que lhes oferece na dura aventura de conhecer o mundo, me fez por várias vezes chorar olhando a tela do computador. Eu podia me ver, agora avô, sentindo o mesmo êxtase e a mesma angústia de quem olha apaixonadamente para um filho pequeno.

> "Sei que estás aqui, e sei que por alguma razão me escolheste. Sei também que não pareço merecer esta responsabilidade, e não tenho nenhuma certeza de poder cumpri-la a contento. Entretanto, tudo que posso te dar é o meu amor, numa proporção que a estatística não consegue alcançar. Sei também que a dor que sinto é porque a cada dia que passa eu percebo no corpo uma falta, uma falha, um corte. Quando me pergunto o porquê de sofrer diante de tanto encantamento, me dou conta que sangro de ti. Sei que és tu quem se vai, rompendo lentamente estas amarras, afastando-se de mim e entrando no mundo. Vai meu amor, leva contigo apenas, na memória mais profunda e fugidia, estes momentos em que, mesmo sem saber, nossos corpos tinham uma alma só"

Essa luz também se mostrava nas alegrias de Jobis. Sua paixão pela saga de Harry Potter me fez enxergar as aventuras do pequeno bruxo por uma perspectiva nova e diversa. Falávamos de Hermione, Rony, Harry e Dumbledore, mas eu percebia que Jobis havia realmente estado lá, em Hogwarts, em todas as aventuras e em todas as conversas daqueles meninos. A mim só cabia me encantar com suas palavras e pedir emprestado um pouco da paixão que ela colocava em cada frase.

Esse livro é mais do que um sonho e um novo filho para Jobis. Para ela é uma grande realização; para mim um alívio. Sempre me angustio quando vejo pessoas com profunda riqueza interior e que, por temores e vergonhas, deixam de escrever suas experiências e suas histórias. Jobis rompeu as amarras de medo e insegurança que prendem qualquer autor, e ofereceu ao mundo um pedaço do seu universo. Esse livro deixa a todos com a satisfação de ver uma autora surgindo, cheia de energia e amor em seus escritos.

Espero que seja este os primeiros frutos de uma árvore frondosa e generosa, e que eles sejam o alimento para as muitas almas famintas de conhecimento e ensinamentos de vida.

Ricardo Jones
Obstetra e homeopata
Ativista, palestrante e escritor
Pai de Lucas e Bebel, avô de Oliver e Henry

PREFÁCIO

Joyce Guerra, a Jobis (tônica no is), foi uma daquelas pessoas que eu conheci "desde pequenininha", apesar de só termos nos conhecido num grupo de e-mails sobre fraldas de pano, uns 5 anos atrás.

Eu adorava ler o que ela escrevia, fora a essencial troca de informações sobre as fraldas de pano, e desde sempre ela parecia ler a minha alma para escrever, explicando o que eu sentia sem nem saber que sentia. E com a convivência, pude ler sobre fraldas, deficiência, amor, conflitos, violência, criação dos filhos, perdão, crescimento, artesanato, profissão, música, receitas, tantas e tantas coisas, e a cada leitura eu pensava "preciso passar para pessoa X". "E Y". "E para o mundo".

Nenhum texto que li da Joyce parecia inútil, ou sem sentido, ou supérfluo. Todos se encaixavam perfeitamente em algum momento, pensamento, necessidade ou risada da minha vida. Incluindo as receitas.

E a frase recorrente que ouvi (e disse) durante todos esses anos foi "Jô, você precisa escrever um livro. Eu quero."
O estilo de escrita, além do pensamento delicioso, é fluido, do tipo que não dá trabalho para ler, mas sem deixar de ter aquele estilo elegante, culto.
Não tem como parar de ler, e não é porque ela faça suspense, mas porque seus escritos simplesmente fluem. Não tem como não ler os relatos das crianças sem rir ou sorrir.
Comecei a coletar os textos que ela publicava na internet, porque gostava de lê-los e achava que precisava voltar a eles. Quando, em mais uma daquelas conversas de "você precisa escrever um livro", recebi um "não tenho tempo para coletar tudo", falei que ia começar a juntar. E juntei. Os textos são sobre vários assuntos. Sobre aqueles que marcaram a mídia em determinado momento. Sobre algum questionamento que a vida fez.

Sobre esclarecimentos ao mundo quando o preconceito entrava em ação e a educação precisava ser divulgada. Sobre risadas dadas quando os pequenos faziam algo que era legal comentar com as pessoas. Explicações quando as pessoas perguntavam algo.

Sem um fio condutor no sentido literário da coisa, mas com o cerne sendo Joyce. Diferentemente de outros escritos dela (também deliciosos), ler este livro nos faz entrar um pouco no mundo e na alma de uma mulher intrigante, terna, guerreira, inteligente e com senso de humor refinado, amor ao mundo e um dom para fazer com que a palavra entre na alma. E entrando nesse mundo e nessa alma nos faz desejar sermos um pouco como ela, com uma admiração e um prazer revigorantes para a vida.

Monica d'Ávila
Licenciada em Educação Física, bacharel em Canto
Lírico, especialista em Adolescência (curso voltado
para médicos, o que é que eu fui fazer por lá?), mãe em
tempo integralíssimo, leitora assídua e apaixonada
pelos textos de Jobis e amiga de outras encarnações.
Porque só desta não é possível.

APRESENTAÇÃO

Em algum momento, você descobre que a sua dor não é só sua; e descobre que o seu amor também não. Quando você percebe que não são só suas as perguntas, você também ouve o universo dizendo as respostas. Quando você descobre que por seu caminho outros já passaram, fica mais aplainada a sua estrada. E quando você descobre que pelo caminho que passa outros passarão, são mais valiosas suas lições.

Este livro nasceu do carinho e do cuidado de amigos que acreditaram que mais pessoas poderiam aproveitar algo do que se segue. Ele não tem início, meio e fim, propriamente ditos. Está baseado em minhas vivências, no que tenho aprendido e, sobretudo, no que tive o privilégio de desaprender.

Sou cega, casada e mãe de três crianças pequenas: Martim Estêvão, Mariles Estela e Cristóvão Valentim. Somos uma família formada por um casal de deficientes visuais que luta para ter uma vida autônoma e para proporcionar aos filhos uma infância baseada na maternidade consciente e na criação não violenta.

Estas páginas trazem fragmentos desses processos. São crônicas, diálogos e reflexões que não pretendem ser mais do que recortes de uma busca pela dignidade, pela vida sustentável, pelo respeito e pelo amor. Parece pouco, mas, muitas vezes, há que se garimpar: frente aos percalços do dia a dia; diante de uma sociedade que não enxerga muito bem nem crianças, nem deficientes; posto um legado ancestral de violência; perante um compromisso sagrado:
de recontrução e crescimento.

Não pretendo ditar parâmetros para quem quer que seja, deficientes ou não, mas ficarei feliz em contribuir com as reflexões de qualquer um que acredite que todos podemos crescer juntos e escrever a própria história, não obstante os desafios que enfrentemos.

Eu faço perguntas e não tenho medo de ouvir as respostas, mesmo quando o mero feito de perguntar ameace ruir um castelo de conceitos pré-estabelecidos. Quem tiver a mesma disposição, talvez encontre alguma utilidade nestas páginas. O objetivo não é amealhar prosélitos e concordância absoluta, mas suscitar o questionamento, a busca e a maior disposição em todos nós de amar e fazer a diferença, onde quer que estejamos.

Gratidão!
Guaxupé, 25 de janeiro de 2016

CAPÍTULO 1

*"Pois eu criei meus filhos todos
iguais". Quantas vezes ouvi isso
e não fui capaz de entender
como seria possível.*

Criança difícil de educar é o Cristóvão. Não porque ele seja difícil, mas porque, para mim, muitas vezes é difícil parar de rir para ser séria e o repreender. E, sim, é preciso.

Estêvão estava vendo tv, eu dando banho na Mariles. Ele tira o sapato do irmão, não pela primeira vez. Sai em desabalada carreira pela sala, rindo e gritando, com o irmão atrás. Invadem o momento quase sagrado de eu dando banho na menina. Cristóvão empurra o vidro do box com toda a força, atira o sapato nas costas dela, me acertando de raspão, e grita um triunfante, ingênuo e, sim, sem malícia "Contigui! Teminei a bincadela alegui!". Mariles Chora, assim, com maiúsculas; Estêvão fica bravo porque o sapato molhou e Cristóvão chora ao perceber que a brincadeira não saiu exatamente como ele queria. E eu quase sento no chão de tanto rir! E acho que os três ficam meio bravos comigo por causa disso. Cristóvão fica murchinho, punido pela própria arte; Estêvão vai lá para fora, pôr o sapato pra secar; e eu vou consolar a Mariles, o que, acreditem, é a tarefa mais demandante quando se trata dela.

Colocando-a para dormir, ela ainda está aos prantos, as lágrimas gordas caindo, porque não entende por que ele jogou um sapato nela, por que doeu, por que ela se assustou, porque ela estava tomando banho, e estava sem roupa, e estava "cholano" até agora... E depois o choro encomprida ainda mais, atingindo a sonoridade de um aviso antiaéreo e o desespero de um cataclismo urbano.

– Que foi, Mariles?

– E ainda por cima... eu decobi... eu decobi... – perde o fôlego.

Que nova variável emocional de dor e aviltamento à sua dignidade ela encontrara no episódio da sapatada, pelo amor de Deus!

– Além disso, eu decobi... eu decobi... que fadas não existem!

Aquilo era sério. Muito sério. Catastrófico. Mariles tem mania de fada. Nada a ver com animação da tv. Ela queria ter asas no lugar de seios, questionava a sério porque ela não podia voar quando crescesse e, de repente, depara-se com uma realidade terrível dessas... A de que fadas não existem...

– Mariles, o que as fadas fazem?

– Tudo. Muitas coisas boas.

– Por exemplo?

– Elas te ajudam a ter amigos... E sabem os seus desejos... E te deixam bonita... E te deixam feliz...

– Pois é claro que fadas existem. Especialmente as fadas madrinhas.

– Não existem!

Porque, se fada do dente não existe, fada madrinha também não existe.

– Mas é claro que fada madrinha existe.

– Não existe... – disse, chorando, querendo parar, mas ainda insistindo – Quando foi que eu menti pra você? – silêncio – Agora me diga, quando foi que eu dei motivo pra você duvidar de mim? Nunca... Mas fada madrinha não existe.

– Existe. Eu sou sua fada madrinha.

– A senhora?

– Mas é claro! Pois não fui eu que te guardei na minha barriga, pra você poder fazer esse corpinho lindo e maravilhoso e perfeito? E não sou eu que procuro amiguinhas pra você brincar? E não sou eu que tento saber do que você precisa e te ajudo a ser cada vez mais feliz? Me diga o que uma fada madrinha tem que eu não tenho.

– Asas.

– Ok. Sempre as asas.

Abri a janela. Era inútil, mas era necessário. Nada de cortina; nada de vidro; nada de veneziana. Teria a levado lá para fora, se não houvesse o resto da família entre nosso momento e a porta da sala e a rua. Aquilo pedia céu aberto. Pedia infinito, pedia só nós contra a noite recortada, a objetiva do universo aproximada agora, passando pelas antenas de tv até parar em nós, de pé no quintal de uma casa que nem é diferente das outras casas, numa rua que nem é diferente das outras ruas.

– Roupas é o nome do que a gente usa. Esse corpo é a roupa que a gente usa. Por dentro desse corpo, o que realmente faz quem nós somos é uma coisa sem forma. Alguns chamam de espírito, de alma, de centelha… O que você precisa entender é que esse corpo é uma roupa. Esse corpo é só uma roupa. Você não é o seu pijama amarelo. Você usa ele, e é responsável por ele. Você tem a obrigação de não estragar ele, se puder evitar, e de colocá-lo pra lavar, quando sujar, mas você não é o seu pijama. Do mesmo jeito, você não é o seu corpo, embora pareça muito. Se você perder uma perna, não vai ser menos Mariles. Se você perder um braço e uma perna, vai ter mais dificuldade de fazer o que precisa, do mesmo jeito que vai ter mais frio se o seu pijama rasgar. Por dentro desse corpo, a sua alma, centelha, espírito… pode ser o que você quiser. E a minha, hoje, é uma fada.

– Por quê?

– Porque você precisa.

***

Algumas frustrações são exclusivas de quem não vê.

Mas alguns deleites também: o silêncio religioso de uma

leitura em braile, pontuado apenas pelo deslizar dos dedos sobre o papel; o ritmado abrir de caminhos por entre as palavras, numa reta demarcada pelos limites da linha para, por fim, assumir um deslize rápido, premente, sequioso pela próxima fatia de informação. O som de alguém lendo é inesquecível. O modo como a palavra deixa de ser muda para cantar por meio dos dedos, passando das pontas sensíveis para o cérebro, também é poesia, é arte, é um estar diferente no mundo, que nem por isso traduz impermanência ou inconsistência de ser. Ser tocado pela letra, pela palavra, pelo sentimento adjacente e que a ela subjaz, é quase uma experiência religiosa.

Eu queria ter habilidade de explicar essas coisas tão sutis para as pessoas:

que diferença não necessariamente é desvantagem, mas nisto se converte quando não é legitimada, quando sua beleza não é percebida, quando o rótulo do peso por não ser igual condena ao abandono, ao isolamento e à falta de oportunidades. Eu gostaria de ter o dom de iluminar as pessoas que não veem e que, por isso, tornam-se invisíveis, e explicar para todos que o grande mal não é que elas não vejam, mas que por isso não sejam vistas.

Gostaria de ter o dom de traduzir em palavras essa percepção, que para mim é tão diária, tão real, tão aguda, de que o seu espanto me diz que não era esperado eu estar ali, e, entretanto, eu estou, e muitos como eu estão; e muitos, muitos mais, estão à margem, por pura falta de oportunidade de estar.

Eu gostaria de dizer que fico realmente feliz quando vejo companheiros enxergantes descrevendo suas imagens nas redes sociais, só porque algum cego pode eventualmente passar pela sua postagem e não entender; que isso prenuncia, para mim, o limiar de uma nova era, mas que muito ainda há para ser feito.

E um pouco dessa missão consiste em desmistificar a figura do cego, para, só assim, diminuir o preconceito e a enorme violência que a ele é agregada, quer queiramos quer não.

O medo e a ignorância costumam acasalar e parir a violência e a discriminação, e disso somos vítimas todos nós; os que não vemos também, mas todo aquele que ousa não se encaixar em um padrão determinado por poucos muitas vezes é mais relacionado a irrealidades projetadas que a uma vida real e sustentável a médio e longo prazo.

Hoje, quando fui dar aula de braile, tive novamente que refutar as insinuações de meus alunos de que eram tolos, incapazes de aprender.

– Vocês não aprendem simplesmente porque nunca ensinaram.

E quando, minutos mais tarde, pude ouvir seus dedos ritmados, corajosos, insistentes, deslizando sobre o papel, quis que eles fossem vistos. Não com admiração ou pena, mas com o respeito que eles merecem. Porque por intermédio dos seus dedos, as letras cantam. E o que, em tese, é privilégio apenas dos que têm a honra de enxergar, está garantido a nós, cegos, por um processo que de tão simples, de tão puro e redentor, parece poesia, parece mágica; parece Deus.

***

Existem momentos que nos justificam. Ontem tive um. Não vou identificar as falas. Não importa quem disse o quê. Importa que nos dissemos essas coisas. Que nos falamos e nos ouvimos e que isso valeu por anos. Valeu por décadas. Valeu por uma vida inteira. Não foi um parágrafo; foi uma conversa. Estávamos sentadas lado a lado, mas podíamos estar de mãos dadas.

Não é que quando eu ame altere meu julgamento. É só que quando eu amo não tem volta.

Entende?

Se você matar alguém, eu não vou achar certo, mas vou te visitar na cadeia o resto da vida, se preciso for; não porque eu concorde com a atitude, mas porque eu apoio você, porque eu te amo e não poderia estar em outro lugar.

Eu não concordo com tudo o que você faz. Não acho certo

tudo o que você faz. Mas você está tentando, e eu vejo isso, e eu também estou, e você faz o melhor que pode, e se não é perfeito, tudo bem, tudo bem mesmo, porque você é uma pessoa em construção. Todos somos pessoas em construção.

E se você fosse uma pessoa que só fizesse coisas que eu achasse correto, então eu não te amaria, não é? Como é o amor que não tem desafio, só tem concordância? Isso não é ser passional. Loucura é você viver pensando que o amor de quem você mais ama está pendente da aprovação dele sobre seus atos a cada instante. Uma gangorra emocional; isso enlouquece qualquer um! Não é justo, não é sustentável, não é honesto.

Porque hoje eu dou conta, amanhã eu não dou, e hoje eu sou coerente, amanhã eu não sou, então hoje eu sou amada, amanhã eu não sou? Como isso funciona? Como uma pessoa vai ter segurança para se construir desse jeito? E quando você vai ver, suas atitudes são em resposta ao que fizeram de ruim e de bom com você. E isso é uma coisa ruim que existe: sentir que o amor de alguém importante para mim está atrelado à opinião pessoal que essa pessoa detenha sobre as minhas atitudes mais comezinhas. E depois eu que sou passional? E não é questão de crítica, mas de juízo de valor; de rótulo.

Se eu discordar de você, não significa, exatamente, que uma esteja errada e outra certa.

Significa apenas que somos pessoas diferentes. Com histórias diferentes. E tudo bem. As coisas não precisam ser brancas ou pretas. A resiliência não significa falta de princípios. Acolher não significa ser conivente. Amar só se aprende amando, e não é amor se não te transforma. Não é amor se não perturbar sua zona de conforto. Não é amor se você tiver medo de dizer "não".

***

Aí ela pergunta, para alguém sentado à minha direita:
– O que ela tem?

– Ela é cega.

Ok, a "ela" era eu.

– Oi, meu nome é Joyce. Você pode conversar comigo normalmente. Posso ajudar?

Ela me ignora e continua falando de mim como se não estivesse lá.

– O que que você é dela?

– Amiga.

– Ela tem mais algum problema, além do visual?

– Escute, só para eu entender, por que você se nega a falar comigo?

– Ah, me desculpe... Eu pensei que ela fosse sua irmã.

– Não importa o que ela é minha, mas quem eu sou. Eu posso não enxergar, mas escuto muito bem e sou perfeitamente capaz de responder perguntas sobre a minha saúde. Aliás, bem mais que ela, que mal me conhece.

– Nossa, desculpa, você é muito nervosa.

– Se você fosse ignorada por preconceito, agiria muito melhor que eu? Eu poderia fingir que não vi e deixar vocês duas se desentenderem sobre mim como se eu não estivesse aqui e ainda saírem achando que fizeram uma boa ação. Acontece que você lida com público, e o que eu não quero pra mim, não quero para os outros. Nenhuma pessoa do mundo gosta de ser ignorada; e deficientes são pessoas.

Eu devia ser legal e não dizer nada? Mas a benefício de quem?

***

Minha proposta é de humanizar o deficiente. Nós somos "apassivados" até a loucura: sentem pena de nós, pedem por nós, falam por nós, mas não nos veem. Não nos conhecem, porque não nos reconhecem como pessoas ativas, presentes, dignas de ter opiniões, fazer escolhas ou mesmo falar por nós mesmas.

"Ah, mas a intenção é boa!"

Vejamos. Se a intenção for boa, não se ofenderão.

***

Aquele momento em que você está comendo e um quase desconhecido põe a colher dele no seu prato.

– O que você está fazendo?

– Te ajudando.

– Mas colocando o seu talher no meu prato?

– Ah, eu só fui juntar pra você.

– Por favor, não coloque seu talher no meu prato. Você não gostaria se alguém fizesse isso com você.

***

Estamos sentados a uma mesa e ela diz:

– Venha, Joyce, vamos.

– Obrigada, mas eu vou ficar mais um pouco.

– Mas eu estou indo.

– Eu entendi. E agradeço o oferecimento. Mas eu vou ficar mais um pouco.

– Eu estou tentando te ajudar.

– Eu sou grata por sua ajuda, mas não estou precisando dela agora.

– Nossa, você é difícil, hein?

– Deixa eu organizar: eu sou difícil porque não quero sair de um lugar que está bom para mim porque você quer sair? Eu disse que você pode ir. Eu estou muito agradecida por você estar pensando em me levar. Mas não gostaria de ir agora.

Se qualquer outra pessoa reagisse da mesma forma, você a acharia difícil?

– Não ofereço mais, então.

– Desculpa aí, ter atrapalhado sua boa ação.

***

Ser deficiente não significa que eu ache ok ser ignorada, como se qualquer um tivesse procuração instantânea para responder por mim, só por estar do meu lado. Eu entendo que a pessoa não tenha convívio e cometa uma gafe, mas não acho aceitável ela continuar, mesmo depois de ter sido respeitosamente orientada. Também não acho ok uma pessoa colocar o talher dela no meu prato, numa ajuda não solicitada.

Também não acho ok não ter o direito de dizer não e ser rotulada só porque não quero ir aonde a pessoa quer que eu vá.

São questões básicas de respeito ao outro que estou pontuando aqui. Imagine se você visse uma criança tratando assim a um coleguinha. Alguém interviria. Ensinaria que assim não se faz. E por que o deficiente não pode se desagradar com nada disso? Por que devemos ser eternamente gratos e passivos, abrindo mão de respeito devido a todo e qualquer ser humano, a fim de não ferir a suscetibilidade de pessoas que querem nos ajudar, mas não querem nos reconhecer como pessoas merecedoras dos mesmos direitos das demais?

São coisas tão básicas, tão simples, do cotidiano de qualquer pessoa, que é constrangedor precisar insistir.

Pensar que milhares de crianças passam por isso todos os dias é assustador; e pensar que famílias desinformadas fazem isso a seus entes queridos por anos a fio é triste. E pensar que muita gente acha tudo isso bastante razoável, e quem reclama é que é revoltado, dá medo. Eu sei que as pessoas não entendem quando eu escrevo aqui que reivindico meu direito a ser uma pessoa normal, mas preciso repetir: reivindico o direito de ser uma pessoa normal. De receber dos demais o respeito elementar reservado a todos os indivíduos.

Posso sutilizar a forma de pedir; posso tornar meu discurso mais e mais suave. Mas não vou parar de reivindicar. Porque não faço só por mim. Faço pelos deficientes que não conheço. E pelos filhos deles. E pelos filhos dos filhos que eles um dia terão. Dar dignidade a um deficiente não é um favor que se faça a ele; é algo que torna o próprio interlocutor um ser humano melhor, sendo este, portanto, o principal beneficiado.

CAPÍTULO 2

*Engraçado o tipo de coisa que a
gente lembra... E esquece.*

Estava tentando lembrar o nome dela há dias. Estêvão na UTI do Sinhá Junqueira, maio de 2007. Eu estou no horário de visita sentada com ele no colo. Ela está perto. Eu sinto ela me olhar. Quando as pessoas me olham intensamente, muitas vezes eu sinto que estão olhando, e quase o que pensam, também. Eu estava sentada com Estêvão no colo e estava cantando pra ele, bem baixinho. Ela estava me olhando com respeito. Acabou o tempo, ela pôs ele de volta na incubadora e me deu a mão para sair. Eu disse:

– Obrigada.

Ela:

– Pelo quê?

– Pelo jeito que você estava me olhando. Eu precisava disso.

– Mas como você sabia?

– Liga não. Eu simplesmente sei.

– Fica tranquila. Vai dar tudo certo.

E foi minha vez:

– Como você sabe?

– Eu só sei.

– Qual o seu nome?

Eu queria saber o nome da primeira pessoa que me fez sentir respeitada, como mãe. E tinha sido essa parte que eu esqueci. E agora lembrei: o nome dela é Talita.

***

Estêvão, por motivo aleatório, berra pra Mariles:

– Sua chata! Fedida! Você é a pessoa mais chata e burra do mundo!

Eu, quase perdendo o controle, porque sei muito bem do peso de afirmações dessas sobre uma criança, intervim na hora:

– Auto lá! Ela não é nada disso!

E ela:

– Pode deixar, mamãe, eu sei que eu sou legal, e bonitinha e muito peta.

***

Ser mãe é: assistir Frozen todos os dias, e ver sua filha chorar por isso todos os dias.

– Filha, você não quer ver algo mais alegre, pra variar?

– Não, mamãe... Não é tisti, puque as irmãs se ama muito e nada pode sepalá.

– Se é tão lindo assim, por que você chora?

– Porque é lindo de chorar. Tem coisa que é linda de rir; coisa que é linda de chorar.

***

Ontem à noite:

– Agora, vamos rezar pra dormir?

– Sabe, mamãe, não precisa rezar todo dia. Jesus já sabe que eu nasci.

***

– Mamãe, a Anna e a Elsa têm sorte.

– Por quê?

– Porque elas têm irmã. Pode tirar tudo de uma pessoa, menos irmã. Elas ficalo trancada, mas ainda tinha irmã.

***

Totó rezando:
– Jesus, biçoa mamãe, papai, vovó, vovô, meu amigo, o oto amigo, meu imão, minha imã... biçoa meu xixi, meu cocô...
Todo mundo começa a rir. Pai corrige. Mariles intervém:
– Tudo bem, papai, Jesus também tá rindo. Sabia que ele adora criança?

***

Estêvão:
– Mamãe, a melhor coisa do mundo é mãe.
– Mas por quê?
– Porque ela faz pão na frigideira.

***

– Mamãe, a senhora sabe o que acontece se alguém ler todos os livros do mundo?
– Não. O quê?
– Fica a pessoa mais chata do mundo.

***

– Mamãe, acho que nós precisamos de mais tempo de qualidade.
– Muito bem, Estêvão, o que você sugere?
– Podemos fazer uma roda todos os dias. A roda da partilha dos cocôs. Mamãe, como foi o seu cocô hoje? O meu foi mole e duro.
E, sim, fizemos a roda da partilha dos cocôs. Muito

terapêutico, recomendo.

***

As pessoas perguntam quando meus meninos souberam que tinham pais deficientes visuais. Eu digo que eles sempre souberam. O contato com a pessoa dos pais é o contato com a deficiência dos pais, e um bebê de dias, meses, poucos anos, não tem a menor condição de julgar o excepcional. Para eles papai é papai e mamãe é mamãe, e isso é tão fundamental quanto trivial.

Mas – porque sempre tem um mas – a elaboração da deficiência mais tarde é outra coisa. Isso não está relacionado apenas com quem nós somos, mas também com quem eles são, e a pessoa que eles são está nascendo. E a elaboração da cegueira dos pais toma parte nesse nascimento. Desde bebês, Estêvão e Mariles levavam minha mão com a colher para a boquinha aberta deles. Levavam minhas mãos aos objetos, em vez de apontar; não soltavam minha mão na rua e eram verdadeiros santos, desde que não houvesse um enxergante por perto. Se havia, também, viravam tudo! Mas isso não é tudo. Estêvão queria que eu pusesse talco nele. Mariles, também. Passei nela e, quando fui passar nele, nada de sair. Então tive a "brilhante" ideia de dar uma apertadinha no talco perto do rosto, para ver se saía ar e eu descobria se estava entupido. A continuação é óbvia. Mariles caiu na risada, e eu também. Estêvão descontrolou geral:

– Olha aqui, sua burra sem coração! Você não pode rir da minha mãe, porque ela é cega!

A Mariles começou a chorar escandalosamente. Estêvão continuou a gritar com ela. Peguei Mariles no colo. Peguei os dois no colo. Acalmei Estêvão. Ajudei Mariles a chorar menos.

– Eu acho que Mariles não riu porque eu sou cega. Ela riu porque achou engraçado.

– Não tem diferença!

– Tem, sim.

– Eu nunca ia ri puque mamãe é cega. Eu queria que ela enxergava.

– Tá vendo?

– Isso ela tá inventando agora.

– É? se Mariles tivesse com a cara toda branca, você ia rir?

– Claro, né!

– Você acha que eu só espirrei talco na cara porque sou cega?

– Claro.

– Eu tenho uma amiga que bebeu xampu num supermercado. Igual eu: foi apertar e voou direto na boca dela.

– Tadinha!

– Você tá achando que ela era cega?

– Claro!

– Não, não era. Nem criança.

– Mas que mulher mais burra!

– Estêvão... as pessoas cometem erros. Nem todos porque elas são cegas, ou burras. E tá tudo bem. Entendeu?

– Mariles tem que ir de castigo. Ela riu da senhora.

– Nesse caso, você também vai.

– Por quê?

– Porque você fez sua irmã chorar. Ela teria feito algo contra mim, e você, contra ela; empate técnico. Se for um, vão os dois.

– Isso não é justo! Eu estava te defendendo!

– Do quê? Você estava tentando ser cavalheiro, e isso eu vi e agradeço. Mas, pra isso, você magoou sua irmã e ainda perdeu a chance de dar boas risadas.

– Eu nunca riria às suas custas.

– Pois deveria, de vez em quando. Ser cega não é legal, e levar na brincadeira de vez em quando alivia.

– A senhora não acha legal?

– Claro que não. Você acharia?

– Não. Mas a senhora é minha mãe.

– E daí?

– É que sempre vê o lado bom das coisas.

– Não significa que não tenha lado ruim. Sério, Estêvão, não pense que todos os meus atos são regidos pela minha cegueira. Eu sou cega, é óbvio, mas a minha cegueira não sou eu.

– O que é regido?

– Direcionado, orientado, causado. Eu cometo erros porque sou cega. Tenho dificuldades porque sou cega. Mas também faço tudo isso porque sou uma pessoa. Agora, diz, vocês vão de castigo?

– Vai não. Desculpa, Mariles, sua chorona.

Ela não respondeu, mas estavam passando talco no rosto das bonecas minutos depois.

CAPÍTULO 3

Eu sei que não vai ser assim
pra sempre...

Mas hoje, dando banho no Cris e na Mariles, eles pediram pra brincar um pouquinho antes de sair. Eu deixei, como é usual. Cris então disse:

– Mamãe negal...

E Mariles corrigiu:

– Mamãe é sempe legal.

Às vezes, tudo o que a gente precisa é ser tratado com benevolência. Não conivência, está claro, mas benevolência. Nós sabemos o que é certo. Nós entendemos as regras básicas. Só que isso não significa que consigamos sempre agir de acordo. Às vezes, embora saibamos o certo, precisamos fazer o "errado". E nessas horas, um pouco de benevolência conta muito. Alguém que veja o nosso erro, mas não o destaque só porque estamos por baixo. Às vezes, um pouquinho de benevolência faz mais por nossa estatura espiritual que um sermão cheio de verdades universais. E eu queria muito ajudar meus filhos a se tornarem pessoas benevolentes, não coniventes. Com eles mesmos, mas também com os outros. E estou começando a suspeitar que isso seja tão – ou até mais – importante quanto as boas regras.

As boas regras podem determinar que tipo de pessoas eles serão; a benevolência determinará como eles viverão consigo mesmos e com os outros. Tenho tido o privilégio de conviver com vários tipos de pessoas; mas as piores, as mais insuportáveis, as mais infelizes, são aquelas que não possuem benevolência; essas, mesmo que saibam, e até vivam conforme as boas regras, tornam-se más, cruéis e invariavelmente amarguradas.

CAPÍTULO 4

– Mamãe, hoje é outro dia?

– O que? Como assim?

– É que eu disse para a Jéssica: Jéssica, você trouxe o personagem? E ela disse: outro dia... E eu queria saber se outro dia já é hoje.

– Hoje já é outro dia. Mas pode ser que não seja o dia que ela quis dizer...

– E esse outro dia vai demorar muito?

– Você vai ter que perguntar isso pra ela. Só ela sabe

***

No jogo de cartas entre mim e ela, Mariles sempre fazia gambiarra pra dar empate. Não disse nada. Fiquei vendo em que aquilo ia dar. Depois da quarta ou quinta rodada, ela disse:

– Mamãe, sabe por que a gente sempe ganhalo?

– Por quê?

– Porque a gente é a melhor amiga...

Não, eu não disse nada. Pra ela, naquele momento, era mais importante ganhar juntas que competir. E por que eu iria discordar disso?

***

– Mamãe, sabe puque tem tanta gente tiste no mundo? Puque elas não pula! Eu sei, poque quando eu fico tiste eu choro, depois eu pulo e a tisteza vai embola. E se eu dou 3 pulos quando fico tiste, fico feliz mais rápido.

***

Estamos abraçadinhas pouco antes de ela dormir. Eu a beijo e digo que a amo.

– Eu também, mamãe. Sabe de uma coisa? Essa aqui não é a minha casa. O seu amor é que é minha casa.

> *Você*
> *Com suavidade*
> *É a Aurora que eu me imponho*
> *O tom em que componho*
> *Nossa posteridade o avanço no meu sonho*
> *De amar a humanidade*
>
> (*Tarcísio Lima*)

E então tudo se justifica; tudo se explica; descomplica. Meu mundo é um lugar melhor porque é a casa dela.

– Mariles, você já dormiu?

– Não. Só to quieta.

– Pra dormir?

– Não. Pra sonhar. A tióia sabia que, se eu fico quieta, começo a sonhar antes de dormir?

– É? E com o que você sonha?

– Comigo. E com as minhas dumecas, com a Ana Paula... É que, quando a gente dome, mamãe, vai pra onde o coração mola.

– E onde seu coração mora?

– Lá longe. E no coração de todas pessoas que eu amo. Até das que eu amo sem conhecer...

> [...] *esto es amor, quien lo probó lo sabe.*
>
> (*Lope de Vega*)

***

No pediatra.
Sugere um remédio.

Mãe diz que o nível de corticoide dele é alto, que a absorção é muito superior à recomendada para a idade e peso da criança e pergunta se tem algum benefício que compense esses poréns, nesse caso.

Meio a contragosto, troca por outro.

Mãe diz que esse remédio não cobre os sintomas, que na verdade ele é mais para os pulmões, não para as vias aéreas superiores, e pergunta se tem algo nele que o faça indicado pra aquele caso, em especial.

Quase fora de si, o profissional da saúde pergunta se ela fez medicina, num típico acesso de doutorite básico.

A mãe ouve tudo, usando de todo autocontrole que não tinha para não interromper, não chorar nem xingar. Depois responde, com toda humildade que pôde reunir:

– Claro que não... Eu só fiz minha tarefa de casa.

O clima piora mais um pouco. Ela retorna, conciliadora:

– Ponha-se no meu lugar, por favor. Eu tenho três filhos. Você, uns cem pacientes. Quando eu saio daqui, continuo com os mesmos filhos. Eu posso mudar de pediatra, mas não posso mudar de filhos. De noite, com todo o direito, você desliga dos seus cem pacientes. Eu continuo ligada aos meus três filhos. Sob tanta responsabilidade, você, que fez medicina, que sabe o quanto a coisa pode ser mais complexa do que parece, não acha muito responsável e coerente eu estar informada sobre os medicamentos, seus prós e seus contras? Não é afronta; é responsabilidade. E juro que não leio só as bulas dos medicamentos. Tento entender os rótulos dos alimentos, questiono a usabilidade dos brinquedos, a programação televisiva... tudo. Se você perder esses três pacientes, logo virão mais seis, doentes e rentáveis do mesmo jeito. Se algo acontecer com meus filhos, eles não são substituíveis.

Questionar com respeito, com dignidade, faz-se cada vez mais necessário. Não só questionar, mas se informar. Por que não? Em 2009 Estêvão, então com 2 anos recém-completos, teve uma reação gigante em virtude de uma combinação de remédios receitados. Lembro que entrei na Internet, furiosa com a pessoa que os receitou. Uma mãe devolveu na hora:

– Mas como que você deu esse tanto de remédio sem ler a bula?

De fato. Ao ler, lá estava que o uso de um com o outro não era indicado. O profissional que receitou tinha a obrigação de saber disso? Talvez. Mas a mãe que comprou e segurou pra dar, também. E por quê? Porque ela é mãe.

O que? Não, eu não estou colocando mais esse fardo nos nossos já combalidos ombros. Estou nos guindando do papel de vítimas potenciais de distrações médicas a consumidoras conscientes. Em última instância, os responsáveis por nossos filhos são os cuidadores. E, pelo sim, pelo não, é mais seguro ter a tarefa de casa em dia e não confiar cegamente no que nos dizem.

CAPÍTULO 5

*Ok, eu admito: se Cristóvão
tivesse sido o primeiro... eu não
teria tido os outros dois.*

Sim, ele é lindo, e fofo, e carinhoso, e deliciosamente grudento, e engraçado, e inteligente, e amado, e amado, e amado, e amado... e usa todo o seu QI para bolar artes. Sem nenhum motivo, ele puxa o sapato do pé da Mariles, enquanto ela está sentada no sofá. Mariles sai chorando atrás dele. Estêvão, vendo a cena, vai atrás. Logo está toda a família atrás dele... E ele, morrendo de rir, com o sapato na mão, tranca-se no banheiro e atira um dos sapatos pela janela, que quase cai na cabeça de alguém. E onde está o outro sapato? Mariles chora, porque é sua principal expressão de desagrado e frustração, até hoje. Estêvão morre de rir, e eu não sei se consolo a Mariles ou se constranjo o Cristóvão, de forma totalmente não violenta, é claro, a revelar o paradeiro do outro par. Daí ele diz:

– Vou pegar o sapato da Mamá...

E volta com um vidro vazio. Morre de rir quando todo mundo percebe o engano.

– Agora vo pegá papá da Mamá...

E volta com um carrinho todo espatifado, que atira na cabeça dela, sem o menor motivo. Mais risos. Então ele traz, finalmente, o sapato da Mamá.

– Onde estava o sapato da Mamá?

– No buiê (banheiro)!

– E onde ele molhou desse jeito?

– No vá, ué!

Perguntamos por que ele fez isso:

– Puque é um, um, muuu negaal!

***

Cris bate a cabeça. Ganha um sachê de gelo, logo cedo. De repente, some, mas ninguém liga muito. Então, ouve-se um grito horripilante do Estêvão. Sons de luta. Berros do Cristóvão. Vamos todos ver o que aconteceu. Cristóvão entrou com o gelo no quarto. Viu o irmão dormindo. Teve a brilhantíssima ideia de, muito lentamente, introduzir o gelo dentro da roupa do irmão adormecido. Estêvão, por puro impulso, deu um berro e bateu nele... E apanhou de volta, é claro. E bateu de volta. Depois ficou chorando nos meus braços por uns 10 minutos:

– O Bê me bateu... Totó quiia nincááá... o Bê me bateeeeeu!

Acha muito interessante encher de pedrinhas meus sapatos. Acha uma ideia muito sensata enfiar a cara no vaso pra cantar. Puxa os utensílios que a funcionária vai usar e sai correndo e rindo o seu "ha ha ha ha ha ha ha"... Vira uma garrafa d'água no chão e comemora: "pitiiinnnaaaaa!"

Socorro! Onde que desliga?

***

Conhecida posta "revoltada", porque um carinha, presumidamente cego, pediu para ela lhe dar... ahn... dicas práticas de beijo. Eu digo que, se não fosse casada, dava numa boa as dicas, que eu mesma passei por constrangimento quando comecei a namorar, porque não sabia beijar nem meu namorado, e daí nossos beijos eram... ahn... com muita língua aparecendo, então precisaram nos dar esse toque, e, sim, eu morri de vergonha, fiquei super constrangida...

Disse que quem enxergava obrigatoriamente tinha mais noção que a gente, porque via a coisa acontecer, então, mesmo que não soubesse beijar, tinha mais noção de como a coisa funcionava. Disse que, em uma sociedade em que era razoável sair à noite pra beijar perfeitos desconhecidos, não entendia porque não fazer isso por um amigo. Disse que, quando era adolescente, um amigo cego pediu para eu lhe mostrar um absorvente e eu mostrei, na boa mesmo, porque, se ele enxergasse, já teria visto milhares e não precisaria passar por isso, e, aliás, nossa amizade não mudou depois disso. Daí três rapazes que estavam comentando no post pediram para me adicionar.

Desculpem, pessoal, sejam bem-vindos, mas eu não pude deixar de achar graça da ocorrência.

Continuo achando, sim, que o cego, especialmente o superprotegido, tem muita desvantagem nessa questão da educação sexual, e que isso é mais um perigo para ele do que proteção – como toda a parafernália abusiva e inaceitável da superproteção, claro.

Imagine chegar à fase adulta sem nunca ter visto o genital do sexo oposto. Muitas vezes é o que nos acontece. Tive muita aula de Educação Sexual na escola, mas ninguém se lembrou de me mostrar um pênis. E, sim, claro, eu queria saber como era.

Muita gente ainda pensa que cego não faz sexo. Que cega, se está grávida, só pode ter sido estuprada, afinal, quem teria sexo com uma mulher deficiente? Não funciona assim.

Salvo exceção, somos pessoas totalmente funcionais, com os mesmos desejos, as mesmas neuras e as mesmas necessidades fisiológicas dos demais. Não acho que ninguém seja obrigado a dar aulas de beijo contra a vontade, mas penso que a ignorância sexual de muitos deficientes visuais é perigosa, sobretudo para eles mesmos. É mais uma forma de exclusão, de desumanização do indivíduo.

***

Todo cego já:
1- Escovou os dentes com creme de barbear em lugar

da pasta de dente. Tudo bem que eu já fiz isso com creme ginecológico; e o pior: que não era meu! Até hoje estou torcendo para a dona ter usado ele com o aplicadorzinho, mas não conto isso em público nem que me paguem com peixinhos azuis!

2- Andou em penca de cego e teve medo por ser o último da fila.

3- Teve um amigo vidente infame que vivia levantando o braço pra fingir que tinha degrau.

4- Pôs um sapato de cada par – eu nunca tinha feito isso até a semana passada. Tudo bem que os dois eram do mesmo estilo e tom, mas as cores eram diferentes!

5- Respondeu alguém que tava era falando ao celular!

6- Falou com uma pessoa pensando que era outra.

7- Pagou um mico em público tão grande que fez questão de fingir que não foi com ele...

8- Enfiou a cara em porta de vidro.

9- Abriu pote de feijão ou lasanha pra passar margarina no pão.

10- Passou líquidos estranhos e inomináveis no cabelo.

11- Sendo mulher, teve aquele medão de levantar e ter deixado a cadeira assinada (MissCup, eu te amo, eu te venero, eu te adoro!).

12- Torceu o nariz à frase "senta um pouquinho!".

13- Pensou em cortar os pulsos (de alguém) à frase "deixa que eu vou pra você, porque é mais fácil!".

14- Se postou na frente da tela de um filme em exibição e ficou lá, placidamente, só esperando os amigos reclamarem que não estavam vendo para dizer "pois é, graças a vocês, eu também não estava ouvindo. Agora estamos empatados".

15- Deu amasso em lugar iluminado, pensando que tava no maior escurinho.

16- Salgou o café ou adoçou o feijão.

17- Se fingiu de burro pra não decepcionar expectativas alheias.

18- Entrou todo empolgado em banheiro que já tava ocupado.

19- Recebeu esmola de alguém, mesmo sem ter pedindo e estando bem vestido.

20- Ouviu a pérola "nossa, você se veste tão bem! quem escolhe a sua roupa?" e outras congêneres.

21- Diz, pelo menos duas vezes por dia, a frase "oi, meu nome é fulano, você pode falar diretamente comigo".

22- Riu internamente quando aquele novo amigo ficou todo sem graça ao perguntar se a gente tinha visto tal coisa na novela.

23- Se apaixonou pela voz de um ledor... ou dublador... ou os dois!

24- Decidiu que aquela pessoa era feíssima por causa da voz dela. E, acredite, as metáforas para descrever vozes feias são impagáveis!

25- Tomou tombos espetaculares por ter ido na onda daquele amigo de visão subnormal que jurava que estava vendo o caminho.

26- Estragou a bengala no meio da rua e ficou, literalmente, igual cego em tiroteio.

27- Escreveu coisas nada a ver em sala de aula, quando geral pensava que ele tava era copiando a matéria.

28- Tentou ouvir uma matéria gravada, mas não conseguiu, porque o ledor, ou a gravação, ou os dois, eram definitivamente ruins.

29- Teve dor de barriga no meio da rua e se xingou internamente por não ter a menor ideia de onde ficava o banheiro mais próximo.

30- Fez cara de paisagem diante da frase "você escreve em Bráulio?".

31- Personificou geral a voz dos leitores de tela. Muita gente, por exemplo, jura que a Raquel dorme de calça jeans e que a Luciana é super bem de vida, ganha um salário enorme e viaja todos os anos para o exterior.

33- Teve a certeza de que, se lava louça, faz com maestria, por motivos óbvios.

34- O cocô não desceu com a descarga e ele só ficou

sabendo depois, da forma mais constrangedora possível.

35- Entendeu muito bem o que significa uma zona de encontro de cegos...

36- Ficou de olho aberto, não literalmente falando, claro, quando foi comprar alguma coisa, porque os vendedores podem ter a estranha tendência de querer empurrar pra gente os produtos mais caros e dizer que aquela opção mais em conta não está disponível.

37- Desenvolveu formas mirabolantes e muitíssimo próprias de marcar o dinheiro.

38- Mesmo assim, já recebeu troco errado e só soube disso depois.

39- Ficou à margem por horas naquelas famigeradas dinâmicas de grupo totalmente impossíveis para cegos.

40- Teve que se controlar ao ouvir a frase mentirosa "por culpa do seu leitor de telas, tivemos que formatar o computador".

CAPÍTULO 6

– Não quero.

– Meu filho, tá na hora, deita na cama.

– Mas que droga! Que injustiça! Uma porcaria! Tem que dormir, e dormir, e dormir! Todo dia! Toda hora!

– Não todo dia.

– Como assim?

– Mudei de ideia. Hoje você não dorme.

– Por quê?

– Porque eu não quero! Só vai dormir às 5 da manhã!

– O que? A senhora não tem esse direito.

– Ah, tenho sim. Me diga onde está escrito que uma mãe não pode proibir seu filho de dormir. Diz!

– Mamãe, a senhora não vai fazer isso comigo, por favor!

– Já estou fazendo.

– Mas, mamãe, eu estou com sono! Eu quero dormir!

– Eu vou pensar no seu caso.

– Mamãe, por favor, deixa eu dormir! Não faz isso comigo!

– Já que você está pedindo tanto...

Psicologia reversa, preciso cumprimentar quem descobriu isso.

***

Hoje eu estou insuportável. Irritável e reativa até o último fio de cabelo. Perdi a conta das patadas que dei nas crias sem motivo nenhum. Estou irritada com tudo e nada em particular. Cristóvão veio brincar comigo e eu dei um fora tão grande nele que saiu chorando. O jeito foi botar todo mundo no sofá e me explicar.

– Mamãe não está legal hoje. Não é culpa de vocês. Vocês não fizeram nada. Eu que estou esquisita hoje, mas vou melhorar logo.

Mariles na hora falou que ela também ficava esquisita, às vezes. Estêvão quis que eu reiterasse várias vezes que a culpa não era dele e depois disse que pensava que só criança ficava brava sem motivo. Cris veio, meio desconfiado, se aconchegar em mim, e eles foram brincar bem longe de mim. Mas, antes de saírem, Mariles disse que, quando minha chatice passasse, era pra eu ir brincar com eles. Acho que, se não dá pra disfarçar, pelo menos se pode admitir e conversar sobre.

~ Na espera por dias melhores. ~

***

Estêvão estava todo empolgado com a bíblia. Toda noite pedia pra ler no aplicativo, antes de dormir... E não ficava jogando joguinho, não! Era lendo a bíblia mesmo, sem ninguém pedir, sempre iniciativa dele. Eu tava aqui meio orgulhosa, do tipo... meu Deus, tão cedo! Esse menino é meio precoce! Deixei o tempo passar, pra não botar pressão. Mas hoje não aguentei e perguntei:

– E aí, filho, tá gostando da bíblia?

– Demais, mãe! É igualzinho a Harry Potter, né?

– Ahn?! Oi?

– Tem magia, mamãe! Tem até a cobra de Slytherin![1]

– O que? Onde?

– Quando o moço bate a varinha e sai a cobra da ponta!

– Ah, é... tem essa parte...

– E as tribos de Israel, mamãe! Igualzinho às quatro casas de Hogwarts...

– As... tribos de Israel?

– É, mamãe! No velho testamento! Daí Jesus pegou bruxos de todas as casas e ensinou magia pra eles.

– Ensinou, é?

– Ensinou! A senhora não leu?

– Ah, eu li, só que não com esses olhos...

– É, mamãe! Só que a magia da bíblia é mais poderosa, porque Jesus não voltou como Inferi.[2]

– É, filho, definitivamente, Cristo não voltou como um Inferius.

– É. Mas ele me lembra muito o Dumbledore.[3]

– Ah, o Dumbledore...

– É! Os dois perderam o pai! Os dois o irmão não gostava muito dele... os dois morreram pelo bem maior... os dois ficavam falando coisas bonitas pra ensinar o bem para os outros... os dois eram barbudos e tinham cabelo grande e nas duas histórias tem Pedro e Tiago...

– Tinha o quê?

– Pedro, mamãe, o Peter![4] E Tiago, mamãe, Harry James, que é Tiago.[5]

– E que parte você mais gostou?

– Ah, de quando cura o cego.

– Ah... sim... a cura do cego.

– É. Porque ninguém entendeu. Todo mundo pensou que o milagre quem fez foi Jesus, mas quem fez foi a lama.

– O que?

– A lama, mamãe! Jesus só cuspiu na lama pra dar consistência... Mas era a lama que curou o cego.

– É... E o que mais você viu na bíblia?

– Muita coisa. Eu ainda não acabei de ler, tem umas partes muito chatas e compridas, mas, até aqui, é igualzinho a Harry Potter.

~ Conclusão: se um menino de 7 anos ler a bíblia, ele vai ler com a bagagem de um menino de 7 anos. ~

***

Eu tenho refletido muito sobre isso, ultimamente. Sobre o quanto as crianças são sábias. Sobre o quanto elas aprendem se as deixarmos seguir seus próprios interesses e construir o conhecimento a partir deles. Sabe toda aquela história do *homeschooling*?[6] Eu tenho aprendido muito com ele e a prática tem superado ainda mais a teoria. Aprender que a criança não precisa ser condicionada, dirigida, obrigada a ver determinada coisa com o olhar que nós achamos que ela deve ter, e reconhecer a sabedoria da criança, que aflora naturalmente, desde que ela se sinta segura o bastante para pensar e expressar seus pensamentos, sem medo de ser julgada por isso.

Essa sabedoria se mostra, por exemplo, no fato de que, apesar de ter feito mil analogias entre HP e a bíblia, ele não está rezando para os quatro fundadores, depois disso. Ele associou com o que já conhecia, e as analogias realmente estão lá. Essas analogias instigaram sua curiosidade e talvez tenham feito que ele permanecesse em uma leitura que, de outro modo, poderia despertar menos interesse. A partir daí ele poderá refletir, associar, questionar, até encontrar a satisfação, que certamente será interrompida depois por nova busca, e outra, e outra, e outra.

Como as crianças são capazes de entender o certo e o errado e que criança pode aprender as coisas sem violência eu já sabia, mas a prática é muito melhor que a teoria. Cris, ao terminar seu jantar, pela primeira vez na vida, deliberadamente atirou o prato no chão. E riu! Meu sangue ferveu. Não é legal catar cacos de vidro sem enxergar, especialmente depois de um dia inteiro na ativa. Prendemos ele com o cinto e fomos, marido e eu, catar os cacos, enquanto o sangue voltava à temperatura normal. Depois fui dar banho nele e, na hora do banho, ele começou:

– Não pó jogar pá no tão.

– É, não pode. Por que você jogou?

– Pra vê o bululho! Totó quilia balulão!

– E fez barulhão?

– Fez. Fez sí: bú! O pa fez sí: buuuuuuuuu!

– É, mas agora o prato quebrou.

– Bô...

– Totó não vai mais poder papar naquele prato. Ninguém mais vai poder.

– É... Totó fê feú (feiura)

– Fez. Não é legal jogar prato no chão.

– Não pó.

– É... Não pó.

– Totó não vai. Pu, mamãe.

– Tá desculpado.

Depois do banho, ele próprio procurou o pai pra se desculpar:

– Pu, papai!

Antes de dormir, ele repetiu o acontecimento, duas ou três vezes:

– Totó bô papá. Aí quelia balulão! Totó go pá e fê sí: buuuuuuuuuuu! Mas bô. Mamãe não gotô. Papá não gotô. O pá foi boooooooia... O pa foi boooooia...

Estou impressionada, emocionada e apaixonada... tudo junto. Acho que os parabéns, sobretudo, são dele. Ele e todas as crianças que são educadas sem violência dão um tapa de pelica na ideia de que criança precisa apanhar pra aprender, e que criança que não apanha é porque não "precisa".

No meu livro antigo, atirar um prato no chão e rir era motivo pra apanhar, sim. Isso é considerado muito cinismo, falta de vergonha na cara, falta de noção e desprezo com o trabalho alheio. Isso merecia surra, sim, ou, na melhor das hipóteses, uns bons de uns berros... porque – né? – criança é incapaz de perceber que fez coisa errada. A gente precisa esfregar o erro na cara dela, pra ela aprender e nunca mais repetir. Daí você pega uma criança de 2 anos, que não é santa, que não é, de jeito nenhum, uma criança fácil, no sentido de não ser bonzinho, paradinho, quietinho, e ela dá um show de aprendizado. Na hora eu contei até dez pra não dar aquele sermão básico, pra não dizer "Cristóvão! Olha o que vc fez! Vai de castigo!". Eu não disse nada, pra não falar besteira. E aí ele próprio voltou ao assunto, ele próprio tomou a conclusão de que estava errado, ele próprio pediu desculpas e ele próprio se comprometeu de não repetir a dose. Eu achei isso fantástico! Não por ser meu filho, mas por enxergar nele uma criança comum e entrever, por meio da sabedoria dele, a sabedoria inerente às demais crianças.

Vocês percebem? A gente passou milênios oprimindo as crianças, batendo, berrando, castigando, para elas aprenderem o que é errado... e, entretanto, elas são capazes de aprender sozinhas, se não sempre, se não todas as vezes, mas essa capacidade existe! É instintiva nelas, como tantas coisas mais! Então, a partir daí existe um canal, algo que, com certeza, gente mais habilitada que eu está estudando: um modo de não dizer para elas o que é certo ou errado, mas ajudá-las a desenvolver esse instinto que, talvez, seja-lhes inato, precisando apenas das condições mínimas necessárias para aflorar.

~ (Nota escrita dois anos mais tarde: Cristóvão nunca mais atirou pratos no chão.) ~

***

Só tem um jeito de saber se a palmada ou o beliscão foram excessivos: belisque-se a si mesma e espanque-se, especialmente quando estiver chateada, frustrada, com sono ou tentando se afirmar. Porque, né, no dos outros é refresco. Desculpa. Tolerância zero com violência infantil.

O que subjaz: crianças não são cidadãos. Não são seres humanos. Ainda temos o pensamento atávico de que filhos são propriedade privada e não têm valor em si mesmo. Filhos e mulheres. Minha casa, minhas regras; meus filhos, minhas regras. A agressão física não é permitida em adultos, mas em criança é ok, porque criança não tem os mesmos direitos. Triste.

Queria escrever sobre não violência, mas, antes, alguns

combinados?

1- Eu não quero dizer como você deve educar seu filho.

2- Eu não estou vendendo regras, só partilhando experiência. Se ao longo do que se segue você pensar o contrário, ou é falta de habilidade minha, ou limitação sua. Só pra garantir...

Optei pela não violência por motivos totalmente egoístas: a minha vida estava um caos, o meu casamento estava um caos, eu estava totalmente fora de controle e todos estávamos infelizes. Sabe aquilo de você ficar com uma criança de um ano em casa e terminar o dia como se tivesse tentado conter uma manada de elefantes? Então o teu marido chega e você vomita encima do pobre coitado todas as suas frustrações e não tem saco nem de lhe fazer um café? Daí teu filho dorme, você pensa em tudo que não conseguiu, tudo que não fez, tudo que não deu certo e se sente uma porcaria de mãe, só que não pode devolver o filho, nem se impedir de entrar no mesmo círculo vicioso de caos e frustração no dia seguinte, e o efeito cumulativo de meses desses sentimentos e desse círculo simplesmente bagunça tua vida, tua autoestima, e você não tem outra opção que não seja parar tudo, reformular tudo, antes que algo catastrófico aconteça.

Eu estava assim quando conheci a CNV. Daí decidi... tadãããããã! Não vou bater no meu filho. Nem castigar. Nem exigir que ele me obedeça. Nem discipliná-lo... Mas daí, faço o que, então? Aquele sentimento complicado, quando você tira todas as vestes que não te servem mais e fica com o closet vazio e precisa enchê-lo novamente, mas não sabe com o quê.

Pronto, foi isso. Um belo dia, eu me toquei que meu filho e eu éramos iguais, ou bem parecidos. Eu não gostava de ser mandada. Não gostava de me sentir exposta. Nem humilhada. Detesto ser ameaçada, e se você entra numa queda de braço comigo, o mais provável é que eu tente até o fim, mesmo que reconheça, lá pelas tantas, que não precisa ser desse jeito. Não abro mão só porque você diz que eu estou errada. Precisa me provar, tintim por tintim... E, comigo, a ternura pode mais que o tapa, o carinho pode mais que a ordem, a paciência pode mais que a imposição. Muitas vezes, eu sei o que é certo, mas tenho lá meu próprio tempo. Preciso de tempo para apreender e aprender as coisas. Nem sempre percebo as coisas direito, e você precisa explicá-las para mim. Não leio os pensamentos das pessoas, e fico muito chateada quando as pessoas acham que eu tenho a obrigação de adivinhar o que elas sentem, quando, por que, e é pior ainda se gritam quando não consigo. Sou uma pessoa legal, mas não curto ser criticada em público. Não gosto de ser ignorada. Não gosto de ser obrigada a permanecer em um lugar, especialmente se quero fazer xixi, cocô, comer ou dormir. Não gosto que mexam nas minhas coisas e detesto que mintam pra mim. Então, a primeira coisa que fiz foi me despir dessa coisa de "sou adulta, sou madura, sou um ser pronto e evoluído e meu filho tem que ser tão perfeito quanto eu".

Quando coloquei meu filho e eu, na época, com um ano, no mesmo patamar de merecimento de respeito, dignidade e compreensão, diminuiu metade dos fardos dos meus ombros. Quando comecei a realmente respeitar as necessidades dele, do mesmo modo que espero que respeitem as minhas, a coisa melhorou exponencialmente. Se ele ficava choroso em um ambiente, ele não estava fazendo birra pra me manipular, pra ganhar atenção ou qualquer coisa assim; ele estava tentando me comunicar algo e eu precisava ouvir, porque, caramba, ele é meu filho! Essa atenção a mais nele, deslocada de mim, das minhas expectativas idealizadas em relação a ele, aliviou muito também.

Agora vem a vida prática, agora com três crianças. Muita gente pensa que criança que não é disciplinada – leia-se que não apanha nem ganha castigo punitivo – sobe nas costas do pai e põe a casa de cabeça pra baixo. Não é assim, não. Não é que as coisas não sejam feitas; é que você encontra um modo mais respeitoso das coisas serem feitas.

Sem tv é mais fácil. Percebo que, sem tv, eles ficam mais focados no mundo ao seu redor, inclusive na mãe. Eles prestam mais atenção no que estão fazendo, no que precisam fazer, no que querem fazer. Mesmo se a tv estiver ligada como ruído de fundo, a comunicação entre nós sofre. Por isso, tentamos reduzir a tv ao mínimo possível, e toda a família ganha. Ligamos a tv com um fim específico e depois desligamos. E, sim, isso ajuda. Parece que um excesso de tv deixa todo mundo mais irritável, inclusive eu.

Se eles não obedecem algo simples e necessário, na maioria das vezes funciona falar. Falar sério, olhando pra eles. Não precisa gritar. Não precisa xingar. Não precisa ameaçar... Basta falar.

***

Sobre implicâncias

Eu não adoro tudo que meus amigos fazem ou dizem, mas eu não preciso jogar isso na cara deles o tempo todo. Eu sou tolerante com eles, e tenho certeza de que eles precisam ser tolerantes comigo também. Então, por que não com meus filhos? Por que eu preciso implicar com tudo neles de que não gosto? Por que eles precisam ser exatamente como eu quero? É uma pergunta que me fiz, e que acho bastante relevante.

Meus filhos têm o direito de serem eles mesmos. Quem aqui aguentaria um chefe, ou um namorado, ou uma esposa, que ficasse o tempo todo dizendo do que a gente deveria gostar, como a gente deveria se vestir, falar, rir, andar, comer? Claro que nossa posição nos obriga a corrigir algumas coisas... Mas não precisa ser tudo. Não precisa ser o tempo todo. E não precisa ser toda hora, senão eles não refletem. Entram naquela de "porque minha mãe não gosta de mim", "porque eu faço tudo errado". Isso detona a autoestima, compromete a relação e não promove a reflexão ou melhoria de si mesmo. As reclamações dos pais viram um pano de fundo. Perdem até o sentido individualmente. Viram um grupo, um bloco monolítico, imenso como os monólitos costumam ser.

A fórmula mais eficaz que conheci, até hoje, de conseguir obediência é atenção. Realmente ouvir, realmente estar lá, realmente se importar, realmente conversar, realmente agir como se eles fossem especiais. Lembro que existe uma frase sobre relacionamento de casais: trate a pessoa que você mais ama no mundo como sendo a pessoa que você mais ama no mundo. Se você trata assim uma criança, ela responde na mesma moeda. É da natureza da criança tratar os outros como é tratada. Se você lhe der atenção de verdade, se você satisfizer seus pedidos, desde que possível, se você respeitar suas necessidades, se você for tolerante com suas imperfeições, se você respeitar seu direito de ser uma pessoa, e não ficar obrigando-a a ser um ideal que você planejou, ela vai responder na mesma moeda.

Não se trata de abdicar da violência e da punição para elas fazerem o que quiserem com você, com a casa e com o mundo; trata-se de construir um modelo de relacionamento no qual a violência não apenas seja indesejável, mas totalmente supérflua. Por que você vai gritar com uma criança que te ouve? Por que você vai bater em uma criança que te respeita? Por que você vai ameaçar uma pessoa que confia em você irrestritamente? Por que você vai mentir, se não quer que ela minta pra você? Democracia. Aqui as ideias de todos são importantes. Os sentimentos de todos são importantes. Os adultos têm mais responsabilidades, é claro, e mais poder de decisão, mas não significa que, por causa disso, precisem agir com autoritarismo. Não precisa.

Na verdade, as crianças gostam de ser dirigidas. Elas precisam e sabem disso. Só o que precisamos fazer é com que eles sintam essa direção como algo bom. A gente senta, coloca um problema qualquer, ouve as ideias uns dos outros, mesmo que sejam absurdas, mesmo que sejam infantis... Ouvimos com carinho e respeito e conversamos sobre as possibilidades de resolver. Todos os dias, à noite, depois do Evangelho, conversamos... sobre o que aconteceu, sobre o que vai acontecer... sobre nossas chateações... sobre os problemas da casa... por simples que sejam... E quando decidimos juntos, fazemos cumprir juntos. Então nós não somos os que mandam, mas os responsáveis por tornar as coisas melhores para todos. O foco não está mais nas vontades e caprichos nossos, mas no que é melhor para todos.

Preciso dizer que é a coisa mais difícil que jamais fizemos... Não por causa das crianças; não porque são três, nem porque somos deficientes visuais, mas porque viemos de um legado milenar de verticalidade na relação parental, da força sendo o argumento para conseguir todas as coisas, da autoridade e do autoritarismo confundirem-se tão facilmente que nem sempre é perceptível a linha tênue que os divide. O desafio não é educar os filhos, mas reeducar os pais, ou, se preferirem, deseducar os pais para educar os filhos. Reinventarmo-nos todos os dias, rasgar as próprias regras, pedir desculpas e retomar de onde paramos. Assumir a violência por trás de nossa capa de civilidade, para só assim escrever uma história diferente para nossa família. Porém, apesar de desafiador, é preciso dizer que é a melhor coisa que jamais fizemos. É preciso dizer que os benefícios disso vão muito além da vida familiar.

Eu me toquei que eu tinha muita inveja dos meus filhos. Eu queria ter tido a família que eles estão tendo! Eu percebia essa inveja nos momentos mais insuspeitáveis, e, às vezes, para negar essa inveja, eu me voltava contra eles, mesmo que eles não tivessem feito tecnicamente nada.

Esses sentimentos surgiam em frases como "na idade de vocês, minha vida era de tal jeito". Eu não estava me utilizando como exemplo; não estava partilhando minha história de vida. Eu estava – e sabia disso – tentando puni-los por meus problemas de outrora; eu queria que eles se sentissem culpados por terem uma vida melhor que a minha em certos pontos. Eu queria que eles me agradecessem por fazer o melhor por eles, o que, aliás, não é muito mais que meu dever primário como mãe.

Então, não bater foi só o começo. Começo comecinho mesmo. Tem muita água passando por debaixo dessa ponte ainda. Muita coisa dura pra ser admitida, pra ser desconstruída. Não é especialmente mesquinho uma mãe se tocar que é reativa com seus filhos porque eles estão tendo uma vida melhor que a dela? Eu percebi isso na minha mãe e, cá da minha ignorância, me achava muito superior. Eu jamais, jamais, jamais faria isso. Eu era muito mais nobre, é claro. Iludida! Eu sentia a mesma coisa, se duvidar, ainda pior. E quando eu me toquei disso, quando eu me toquei que havia uma inveja absurda em mim, meu pedestal interno caiu (de novo). E toca revisitar, redimensionar, revitalizar. Toca romper padrões, toca aceitar minha história, incorporá-la a mim e, ao mesmo tempo, me libertar dela – por que não? Eu só não quero passar esse legado pra frente! Eu só não quero que meus filhos carreguem nas costas tantas pontas soltas ancestrais. E esse caminho é difícil, dolorido, visceral! Mas imensamente florido e recompensador, também.

Disse tudo isso pra explicar que não bater é só o começo, e que tem muito mais envolvido que simplesmente não usar as mãos.

***

Foi muito importante bater no meu filho

Quando ficamos grávidas, planejamos. Eis meu top 5 de 2007, quando estava gestando Estêvão, meu filho mais velho:

1- Vou ensiná-lo a pensar empática e criticamente.
2- Meu filho não vai chupar chupeta.
3- Vai nascer de parto normal.
4- Vai mamar, exclusivamente, até o sexto mês.
5- Eu nunca vou bater nele.

Estêvão nasceu por meio de uma cesariana, com muita violência obstétrica. Foi para UTI e lhe deram chupeta com glicose, no hospital. Levei cinco meses para tirar. Por desinformação e falta de incentivo, desmamou aos 5 meses. Nunca mamou exclusivamente. E, por fim, quando tinha 18 meses, bati nele.

Ele me batia "porque sim". A coisa durava semanas. Atirava coisas em mim, chutava, beliscava. Eu fiz tudo que sabia: expliquei que não podia de modo firme e calmo; expliquei a mesma coisa em tom definitivo e seguro; repeti a dose, abraçando e quase suplicando; afastei-me dele, numa tentativa de puni-lo... E, como nada daquilo funcionava, como meu orgulho de adulta estava ferido, como a questão ali não era mais de educar, mas de dobrar, como eu estava querendo mostrar para os adultos circunvizinhos que eu não ia apanhar de criança, bati nele.

Foi à noite, a hora de dormir. Ele estava irritado e me bateu. Bem no rosto. Disse, em tom definitivo:

– Se você fizer isso de novo, eu vou te bater.

Ele não se fez de rogado... Nem eu. Foi um tapa só, mas não faria adulto nenhum me acusar de molenga, depois daquilo. O tapa ecoou no quarto fechado. A pele dele ficou quente; minha mão ardeu. Houve um segundo de silêncio – pesado, intenso, infinito. Então ele me abraçou, os bracinhos finos contornando meu pescoço, aqueles soluços compridos, que pareciam unir-se ao próximo, de modo a soarem quase contínuos.

– Ah, mamãe... – ele disse uma, duas, três, incontáveis vezes... E eu chorei também.

Existe uma regra tácita entre as mães batedoras: elas não choram. Ao menos, nunca na frente dos filhos, para manter a autoridade e o autoritarismo intactos.

Dentre tantas coisas, pensei: não haverá nenhuma meta da qual eu não vou desistir? O que vou ensinar para ele, se meus ideais flutuam ao sabor da conveniência imediata?

Dormimos abraçados, embalados pelo choro que era dele e era meu, misturados na tristeza de tudo que não tínhamos sido, naquele momento. No dia seguinte, ele recolheu o capim do jardim, fez um feixe e entregou, dizendo:

– Mamã, fô... – e em seguida me abraçou.

Não me envergonho de dizer que tenho esse feixe de matinho até hoje.

Eu apanhei, quando era pequena. Como fui surrada mais que a média, tive uma infância bastante violenta.

Não que eu odiasse minha família por causa daquelas chineladas esparsas, mas não era um legado que eu quisesse passar adiante.

Eu lembrava muito bem da dor, da insegurança, do sentimento de ter medo de quem eu amava, da confusão entre a revolta e saber que era esperado que eu achasse que merecia, que disso dependia eu ser uma pessoa boa ou não. Eu me lembro do medo em situações tensas: se eu respondesse, poderia ser considerado um desafio; se me calasse, era desafio também, de modo que eu nunca sabia como me comportar e, o que era pior, não sabia como eu queria me comportar, o que, não, não era uma boa coisa.

Mas bater no meu filho era uma história totalmente diferente. Não tinha nada a ver com a dor de me sentir humilhada e assustada, com alguma parte do meu corpo dolorida para enfatizar tudo. Era mil vezes pior, porque aqueles episódios de agressão não tinham me tornado uma pessoa melhor, e havia mais... A impressão de bater em uma criança pequena foi aterradora. O contato da minha mão grande contra aquela pele tenra foi devastador. E doeu... muito. E não tem nada a ver com o formigamento na mão. Foi uma dor de dentro para fora. Uma sensação de falecimento moral que dominou cada uma das minhas fibras. Um tapa na cara que dei em mim mesma, quando pensei que estava tentando dobrar o meu filho. A realidade me atingiu como um reflexo cegador, atordoante e definitivo: eu não queria ser aquela pessoa.

Não importava que eu jamais ultrapassasse os limites nebulosos da dita "palmada pedagógica". Eu simplesmente não queria ser essa pessoa. Não queria ter que repetir aquilo até achar normal, até não doer tanto, até não me dilacerar. Não queria deitar na minha cama e me convencer de que era razoável bater em uma criança para a educar.

A questão nem chegava a englobar meu filho ou os malefícios da violência infantil. Parava bem antes. Parava em mim, no meu autorrespeito, tão sagrado quanto o que esperava que me devotassem e tentava ofertar aos demais. E, entretanto, apesar de tudo aquilo, eu senti que só tinha violência para oferecer a ele. Nunca me senti tão pobre. Eu não tinha nenhum aporte emocional para tornar meu ideal de não bater sustentável na vida comum. Eu só tinha uma meta, uma ideia e, de repente, pareceu que tinha aberto mão de coisas demais até ali. Meu parto roubado também foi o nascimento digno que meu filho jamais teria de volta; a amamentação sabotada foram horas de intimidade e vinculação que jamais retornariam daquela forma específica. Mesmo a decisão da chupeta não partira de mim. Porém bater no meu filho era diferente. Pela primeira vez, senti que eu era a protagonista e que tinha escolha. Naquele dia em que ganhei o feixe de matinho, jurei não bater mais em criança e fazer tudo que fosse possível para não me trair.

Não foi simples. O meu legado era o mesmo da maioria das mulheres de minha geração: doses maiores ou menores de violência, medo e repressão, que geraram, por sua vez, nas minhas matrizes emocionais, aportes psíquicos de violência, medo e opressão. Assim, para ser a mãe que queria ser, eu tenho que me reeducar, desde as fundações. Eu tenho que admitir meu próprio legado de violência e acolher, aceitar e perdoar, para, só assim, transmutar. Conheci a comunicação não violenta, a criação com apego, outras mães que têm a mesma meta. Aprendi a respirar para me controlar. A deixar correr água nas mãos para não bater e, em último caso, a esmurrar superfícies.

É difícil, admito, mas não por causa das crianças. É que a violência é uma crença em nós arraigada demais, não obstante os milênios de guerras e lacerações emocionais que ela indiscutivelmente nos ofereceu.

No processo reconstrutivo, lançamos mão de tudo que é possível: leituras relevantes, terapia, depoimento de outras mães, revisitação da própria história...

Os frutos vêm. Quando percebemos que eles se sentem à vontade para dizer qualquer coisa; quando percebemos que eles não têm medo, normalmente.

Ainda não chegamos lá. Dificilmente teremos chegado quando eles forem adultos. Minha esperança é que, quando meus filhos tiverem seus filhos, possam dar continuidade ao processo de reconstrução geracional que estou iniciando. Oxalá tenham eles coragem de serem ainda mais amorosos e respeitosos que eu lograr ser, em meu esforço máximo. E oxalá os filhos de seus filhos queiram dar a isso continuidade. O cume é muito distante daqui, do meu ponto de observação. Sei que é subida demais para meus pés; sei que esse é um caminho que pertence a várias gerações, do qual sou apenas a iniciadora. Mas posso contar um segredo? Mesmo estando só no comecinho, a vista daqui é linda. É um lugar em que gosto de estar. Do qual me orgulho por fazer parte.

CAPÍTULO 7

Hoje eu perdi a linha. E feio.

Foi assim: domingo passado fomos ao aniversário do Arthur, meu sobrinho, amigo da família e tudo o mais. Eu comprara para ele uma sandalinha. No dia, a mãe dele esteve aqui e trouxe um tênis que era dele, para eu experimentar no Cris, já que é um ano mais novo. Na hora de ir pro aniversário, eu perguntei se eles haviam pegado o presente; Estêvão disse que sim.

O aniversário passou, veio segunda, terça, quarta, quinta e hoje. Mexendo no guarda-roupa, marido acha o presente que era para ter sido do Arthur e eu descubro que o que as crianças pegaram foi o tênis que a própria mãe doou pro Cris. Ou seja, o filho dela ganhou, de presente dos meus filhos, o próprio sapato usado que a mãe dele me doou! Fiquei acabada de vergonha e muito brava. Para verificar o engano, o Estêvão abriu o presente. Pedi que ele me desse o laço para refazer o embrulho, e ele me deu o fitilho todo picotado, de um jeito que eu não poderia arrumar. Comecei a gritar com ele:

– E você destruiu o laço?! Meu Deus! Você destruiu o laço?! Dava pra abrir o presente sem destruir tudo?! Que inferno, Estêvão! Você destruiu o laço! – E ele abaixado no chão, rastejando. – Levanta desse chão, caramba! Que palhaçada é essa?

– Estou procurando o resto do laço.

– O resto do... eu não acredito!

Ele levanta e me entrega vários fitilhos despedaçados e um reto, com as pontinhas enroladas. Uso esse para refazer o embrulho, cheia de raiva e frustração. Ele me deixou ali, toda descomposta e foi cuidar da vida dele – o que mais poderia fazer? Passou um tempo, a ficha caiu. Eu tinha ficado envergonhada porque não chequei o presente que estavam levando – sendo eu a mãe, era esse o meu dever – e descontei tudo berrando com o menino por causa de um laço de embrulho de presente. Como assim? Fui lá e o abracei.

– Desculpe. Eu não deveria ter gritado com você por causa do laço. Você só quis ajudar.

– Tá tudo bem. Eu vi que a senhora tava nervosa. Já passou.

Como assim?! Me sinto ainda pior por ele me desculpar! Porque eu queria que ele me humilhasse, me agredisse, porque foi assim que eu aprendi: tá errada? Acaba com ela, esfrega na cara dela, pra ela aprender... E quando meus filhos não fazem isso, inicialmente, eu me sinto um lixo. Me pune, caramba! Mas aí eu me toco que é condicionamento da violência, e que, ao fazer com eles outra história, eu tenho o direito de também fazer parte dela. E a dimensão disso é... incrível. Eu posso errar sem precisar ser humilhada. Eu posso perder a linha, admitir meu erro, fazer uma anotação mental pra agir melhor e acabar por aí? Sem sermões destrutivos, sem críticas ao meu caráter e ao meu comprometimento? Proporcionar aos meus filhos esse mundo mais leve, mais humano e mais respeitoso é uma coisa, mas me sentir parte dele é... inexprimível.

***

Ouvi muitas vezes a história de que, quando fomos ao Hotel das Fontes, em Barbalha, no Ceará, e eu entrei na piscina, todas as crianças saíram, instigadas pelos seus pais.

Não me lembro desse fato. Não me apercebi. Eu devia ter uns 8 anos. Dizem que meus pais foram conversar com os pais deles, amigavelmente, ao que presumi, e aquela viagem ficou para mim como aquela em que eu fiz um monte de amiguinhos novos.

Eles não comentaram essa parte na minha frente. Vim a

saber anos mais tarde, meio que casualmente.

Eles nunca fizeram do preconceito grande coisa. Lutaram contra, mas não deram um destaque demasiado, e eu cresci assim.

Só depois de adulta descobri que muitas famílias tinham vergonha dos seus filhos cegos; que os deixavam em casa; que não gostavam de sair com eles, para protegê-los do olhar das pessoas, das frases desacostumadas.

Eu cresci tendo isso como um fato natural da vida. Uma coisa que acontece. Que a gente ouve, chateia um pouco e segue a vida. Nunca cogitei parar de fazer alguma coisa por ser apontada, ou ouvir coisas sem noção. Estou reelaborando isso agora, quando quem sente são meus filhos, mas acho que é um processo coletivo de amadurecimento – meu, deles e das pessoas que interagem conosco. Não é nada demais, o que não significa que seja sempre indolor. Simplesmente todos temos desafios, e esse é um dos meus, e tá tudo bem, já que todos temos.

Ontem fomos ao clube. Piscina meio lotada, e os meus dois menores só iam se eu fosse. Estavam sem graça de entrar. Eu podia entender, porque eu também estava, não por ser a única mãe cega, mas por ser, até onde podia perceber, a única mãe dentro da água. Eu sei que soa como bobagem, mas eu fiquei meio sem graça de entrar na piscina das crianças. Vai que alguém achasse que eu não devia, que aquela piscina era só das crianças? Mas acabei decidindo que correr o risco era melhor que deixar meus filhos sem piscina, vencidos pela timidez minha e deles, e lá fomos.

Ficamos brincando, até que uma menina pediu que eu a colocasse sobre a borda, para ir no escorrega. Depois, ela começou a brincar conosco, do jeito que as crianças fazem.

Quando ela sacou que eu era cega, fez disso uma brincadeira, e eu fiquei com receio do que o "preconceito politicamente correto" faria com ela, quando visse o que ela estava "fazendo comigo".

– Adivinha meu nome. – Falava mil vezes, mudando a voz e a direção, e cada vez eu dava uma resposta diferente, cada uma mais amalucada que a outra.

A partir daí, meus próprios filhos começaram a brincar com o fato, como nunca fizeram. Não havia deboche, só a descoberta do novo. Só a brincadeira diante do imutável.

Estava tudo ok para mim.

Depois, passou para o "adivinha quem está ao meu lado", e após meus erros irremediáveis, ela disse coisas como "meu amigo invisível!", "a fada do dente" e afins.

Logo vieram outras crianças, duas ou três, e começaram a brincar de jogar água em mim. Sim, era brincadeira, não havia animosidade. A gente ria. Eles subiam no meu colo, misturados com dois dos meus – Totó estava brincando com uma coleguinha, na piscina menor.

Não sei o que aconteceu, que um dos meninos não se tocou que eu era cega. Não vi o que fez com que os outros explicassem a realidade. Ele chocou. Pediu pra eu abrir o olho. Eu abri. Ele então ficou surpreso, dizendo que eu parecia o monstro do exorcismo (provavelmente meu olho tava bem vermelho, por conta do cloro). Eu ri, mas ele ficou mortificado. Vi que estava a ponto de chorar, que não sabia o que fazer.

– Na minha igreja tem uma irmãzinha assim, igual você. – Disse, usando aquele tom condoído que certamente usamos para os doentes terminais.

– Ah, é? Como ela se chama? – Perguntei, usando meu tom normal.

Ele disse o nome que eu reconheci e, na sua vozinha terrificada, pareceu quase vindo de uma sepultura.

Depois ele disse sei lá o que comigo, com aquele mesmo tom de "puxa, desculpa por ter esquecido que você está pra morrer" e eu disse:

– Para. Para de falar comigo como se eu estivesse doente.

– Você não está? – Perguntou, baixinho.

Atirei um punhado de água nele e ele riu e não dissemos mais nada sobre isso. Retomamos o fluxo.

Fiquei me perguntando sobre como tinha sido essa conversa para as outras crianças. Não pude saber quantas ouviam, quantas estavam brincando de outra coisa e quantas ou quem pediam mais informações pro Estêvão.

De repente, ele contava coisas do ponto de vista dele, o que era muito louco pra mim.

– Eu tenho que ficar quieto pra ela tirar foto de mim, senão ela não consegue ouvir o enquadramento do meu rosto... Ela não deixa a gente falar na cozinha, senão ela não consegue ouvir o fogo... Ela não bate, mas acho que se batesse, eu não ia ter coragem de fugir, porque ela é minha mãe, né?

Fim da piscina, as crianças foram pro parquinho e marido e eu fomos tentar achar a trilha – eles foram na frente.

Havia outras crianças na piscina, agora um pouquinho maiores. E toca a gente tateando pra achar a trilha certa e o comentário:

– É, eles são cegos.

– Mas como não tem ninguém com eles?

Acho que tinha um pré-adolê, não dá pra ter certeza.

Eu me virei e dei adeuzinho, rindo, mas não sei se eles registraram; eu posso ser péssima em gestos.

Fomos ao parque, e pelo menos um nos seguia. Era curiosidade pura mesmo. Não havia malícia, nem aquele cuidado exagerado. Era uma versão mais adulta do "adivinha meu nome" de logo mais cedo.

Chegamos, localizamos nossas crias, que continuaram brincando, e fomos à cata de um banco.

Marido dizia:

– Eu sei que tem um banco aqui perto.

Eu toquei a ponta da bengala em algo meio duro e meio mole, enquanto uma sombra se projetava na minha direção.

– Não vai ser aqui. Aqui é uma árvore.

– Árvore? – Perguntou a menina-árvore, bem confusa e só um pouquinho divertida.

– Ops, não é. Árvore não fala. Foi mal...

Ela e seus colegas riram e nos ajudaram a achar o banco.

E fiquei feliz por não ser ensinada a ter vergonha. Teria perdido tudo isso.

Eu nunca consegui escrever sobre superproteção adequadamente. É sensível demais para mim. Eu tento entrar na pele dos pais que fazem isso pro próprio bem dos filhos, segundo podem ajuizar. Eu acho alguns pontos psicológicos, mas, ainda assim, é difícil para mim entender que uma pessoa como eu seja vista como "aberração", como "uma pessoa com um problema", a ponto de não poder andar pela rua e dever ficar basicamente dentro de casa e do carro, ou o tempo todo sob uma tutela. Eu sei que esse tema é dolorido para muitas pessoas, e peço desculpas por isso. Mas precisamos falar a respeito. Precisamos repensar. Precisamos ressignificar.

Eu só queria pedir uma coisa: não façam isso. Por favor. Não façam isso.

A vida com a cegueira pode ser constrangedora, muitas vezes, mas também pode ser plena e engraçada, se a gente aceitar dançar conforme a música. E notem que a nossa deficiência não nos exime de lidar com os desafios de uma pessoa comum; só acrescenta um capítulo a mais, portanto precisamos ser mais fortalecidos, não mais protegidos.

Eu sou cheia de histórias pra contar. Tenho uma vida plena. Cometi meus próprios erros, só porque minha família me ensinou que eu tinha direito de viver. De brincar, de lidar com as pessoas, de esclarecer preconceitos, de ser repreendida quando merecia, e estimulada, também. Eu estou aqui e dou aos meus filhos o que recebi: uma infância plena. Eu andei de bicicleta, brinquei na rua, subi em árvore, fiz bagunça, fiz coisa feia também, e esse é o tesouro que me permitiu lidar com os anos negros que vieram mais tarde.

Se eu não tivesse nada disso, não estaria aqui pra contar essa história.

A infância não é só a infância: é o repositório de vivências que molda a personalidade e entesoura recursos para as fases ruins. Não precisa grandes coisas, mas não tornar as coisas piores que o indispensável é o principal. Por favor, pensem nisso. Por favor.

***

Eu não vou pro céu. Se tivesse alguma chance, teria perdido ontem. Numa sala de espera:

– Ele é seu?

– É.

– E você é casada?

– Sou.

– Seu marido faz o quê?

– Trabalha.

– E você só na mordomia com o filho?

– Os filhos.

– Ah, então você tem mais de um?

– Três.

Pausa.

– Tudo do mesmo homem?

– Com certeza.

– Ah, mas sendo você desse jeito, um já tava bom, né?

Momento em que você pensa "eu xingo ou causo?"; e daí decide causar.

– Sabe que que é? Eu sou da Paraíba.

– Ah, é?

– É... Faz dez anos que vim pra cá. Mas quando eu era pequenininha, fui uma criança muito doente. Minha mãe me levou em tudo que era médico, mas não dava jeito. Médico de todo jeito, benzedeira e nada. Até que minha mãe fez uma promessa... Pra padroeira da minha cidade, a Nossa Senhora das Neves. Mas não deu certo. Então minha mãe me levou lá no sertão, numa cidade chamada Santa Luzia. A senhora sabe que Santa Luzia é a padroeira dos cegos, né?

– Ah, sei sim.

– Então... tal era o desespero da minha mãe, que prometeu pra santa que, caso eu me curasse, eu teria 12 filhos, pra ficar igual os apóstolos de Cristo.

– Ah, meu Deus...

– Pois é... E até hoje eu tô pagando a promessa.

– E a senhora vai pagar mesmo?

Caramba, virei até senhora!

– Vou, né? Não é bom desgostar a santa.

Juro que ouvi alguém rabiscando meu caderninho lá encima, mas tá valendo. A mulher ficou em silêncio reflexivo até a hora de ir embora. Depois a secretária, que me conhecia, jogou:

– Teve isso mesmo?

E eu:

– Você quem decide.

Ela riu e disse algo do tipo "você é terrível!".

~ Desculpa aí, mamãe! ~

***

O maior veneno pra uma relação, qualquer relação, nem são as brigas. Nem as decepções. Nem mesmo as traições. É o "não dito". O "não dito" acaba tudo. Ferra com tudo. Entumora tudo. Já tive barracos homéricos com pessoas importantes pra mim. Marido, nem se fala. Mas enquanto a gente discutia, havia esperança. Na esmagadora maioria dos casos, passada a tempestade, veio o equilíbrio. Mas o "não dito"... O "não dito" te deixa sem chão. Sem ação. Sem referencial. A pessoa muda contigo e você não entende por quê. Pede explicação e ela diz que não tem nada, mas continua mudando. O que fluía deixa de fluir, até que vocês ficam reduzidos a posturas pré-fabricadas. Você olha para ela e não sabe o que vocês estão fazendo. Não sabe que música estão dançando. Para onde estão se dirigindo. A órbita não é mais o que vocês são, o que têm em comum ou o que queriam realizar juntos; a órbita é aquilo que nunca foi dito, que cresce até devorar todo o resto. Que cresce até asfixiar tudo que de bom e sustentável havia na relação. Até que vocês ficam reduzidos a um silêncio resignado.

E você, a parte que não faz a menor ideia do que está

acontecendo, vê-se reduzido a um "Por quê? Por quê? Por quê?" infinito, sem resposta e sem serventia. Então, ou você sucumbe – porque, quando acaba de devorar a relação, o "não dito" passa a devorar as pessoas – ou você dá as costas e vai embora, para não morrer emocionalmente.

O problema é que, mesmo depois que foge, aquilo fica te atormentando de vez em quando. O que aconteceu? O que eu fiz? O que eu não fiz? O que eu disse? O que eu não disse? A lesão na tua autoestima é imensa; o potencial de dificultar interações qualitativas futuras é elevado. E tudo isso para o bem de quem mesmo? Para o proveito de quem mesmo? Então, quase sem querer, você passa a ter raiva da pessoa que fez isso com você. Da pessoa que te magoou tão profundamente sem jamais – jamais! – te dar qualquer direito de defesa. Você acha a pessoa do "não dito" a mais covarde e a mais egoísta de todas. Talvez nem seja... E você vê todo carinho que sentiu por ela um dia transformar-se em uma raiva sem explicação. Raiva dela. Do "não dito" dela, de você que, mesmo tendo fugido, continua se prendendo ao que aconteceu, que você nem sabe o que é.

O "não dito" é das violências psicológicas mais cruéis que conheço. Ombreia com os métodos de tortura físicos e mentais praticados pelos grandes perversos, conhecidos e anônimos. Então, você que por acaso esteja me lendo, faça-me um favor? Jamais, jamais faça isso com outra criatura. Não importa os motivos. Por pior que sejam as coisas, diga. E nunca, jamais prometa em dia de sol o que você não queira cumprir em noite de chuva. Nem é pelo outro não, que, às vezes, pra você, valha tão pouco, que nem mereça ouvir umas boas verdades... É por si mesmo. Pelo seu caráter. Por sua estatura espiritual.

***

Mamãe, eu quero um tablet.
– Tudo bem.
– A senhora vai me dar?

– Tudo bem você querer um tablet. É legal a gente querer as coisas.

– Mamãe, eu não quero saber o que a senhora acha de eu querer um tablet; eu quero que a senhora me diga quando vai me dar um!

– Hmmmmm.. Estou indecisa entre 2017 e 2020.

– Mas por quê?

– Em 2017 você vai fazer 10 anos. Já 2020 é um ano bonitinho.

– Eu não tou brincando!

– Nem eu.

– Mamãe, por que eu não posso ter um tablet?

– Você usa um iPad duas vezes por semana. Não tá bom?

– Não! Esse tablet é seu! Eu quero um meu!

– Mas pra quê?

– Pra eu poder levar pra escola.

– Não se preocupe! Quando você precisar de um tablet na escola, eu te dou um.

– Não é pra usar na escola pra estudar! É pra jogar joguinho!

– Você pode jogar em casa, dois dias por semana.

– Mas não posso levar pra escola.

– Estevão, vamos fazer assim? Você pega uma imagem de tablet no Google, imprime e leva pra escola e diz: esse é o tablet que minha mãe vai me dar em 2017!

– Não tem graça!

– Em 2017, o seu tablet vai ser muito mais avançado que todos que existem hoje em dia!

– Vai mesmo?

– Mas é claro que vai. Você vai ter joguinhos melhores, um desempenho muitíssimo superior a todos que existem hoje, inclusive, com certeza absoluta, vai ser muitíssimo melhor que o meu.

– Melhor que o seu?

– Claro! O meu iPad é o mini, o primeira versão. Ele imita o software do iPad 2. Pra sua informação, já estamos no que seria o iPad 4, que é chamado de iPad Air. Ou seja, já existem dois modelos melhores que o meu em termos de iPad! Em 2017, esse meu iPad mini vai ser quase peça de colecionador!

– Sério, mamãe?

– Sério.

– A senhora não está zoando não, né?

– De jeito nenhum!

– Mas aí não adianta imprimir imagem, né, porque o iPad de 2017 ainda não tem imagem no Google.

– Verdade, verdade. Mas podemos especular, o que é ainda melhor.

– Como assim?

– O seu tablet de 2017 terá duas câmeras frontais e duas traseiras, para melhor captação; ele poderá tirar fotos fantásticas com apenas uma piscadela de olho, porque terá sensor de movimentos aprimoradíssimos! O processador, então? Uma coisa que ninguém nunca viu ainda! Os jogos vão ser absolutamente realistas, de modo que você quase vai precisar se beliscar, pra garantir que não entrou dentro dele. Vai ver em 2017 a gente já tenha a 5G, que é uma 4G ainda melhor, porque vai funcionar sem chip!

– Mamãe, mal posso esperar por 2017! Fica tranquilinha, que não vou deixar a senhora esquecer de me dar um tablet.

CAPÍTULO 8

Eu sei, porque o mundo é assim. Tento prepará-la para isso. Às vezes, ela tem rusgas com os irmãos, chora, me chama para intermediar. Eu posso, mas não vou. Quero que ela aprenda a pensar sob stress. A reagir sob stress. Grito instruções como: me diga o que está acontecendo! Para que ela verbalize sob stress, mesmo que eu saiba. "Fale com ele! Pare de chorar e converse com ele!".

Uns meses atrás, ela se descontrolou e começou a berrar com os irmãos. Berrar argumentos. Argumentos da criança de cinco anos que ela era, mas, definitivamente, berrar seus argumentos, não chamar pela mãe. Esposo, meio sem entender, pediu para eu intervir. Eu disse meia palavra e ele associou todo o resto. Lembrou o que vínhamos fazendo – era fácil esquecer, com a gritaria aguda e descontrolada dela.

Às vezes me chama e eu vou – ela não precisa pensar que está numa selva com a mãe ao lado. Às vezes chama e eu vou e intermedeio oportunidades para todos os litigantes. Às vezes eles resolvem tudo sozinhos, sem mim.

Estêvão é um caso à parte. Ele é um agressor em potencial. Não é um rótulo, é um fato. E não é uma crítica, é um fato. E não é uma característica gravada em pedra, é uma realidade atual. Ele tem medo. Não tem a mesma segurança de ser e estar no mundo que os irmãos. E aí o medo é a reação instintiva, e a violência é a filha primogênita do medo. Alguns conceitos para ele são mais difíceis. Lembro o trabalho que deu para explicar a diferença entre "não pode" e "não deve" e, sim, era importante, fundamental, à época.

Outra conversa antológica que tivemos, que lhe causou funda estranheza, estranheza mesmo, foi a de "não precisa gostar pra tratar bem". Ah, e não precisa ser falso pra tratar bem. E ele absorve. E ele põe em prática. É paulatino, mas constante.

Um dia ele estava cantando aqui em casa: "1, 2, 3, bobeou, perdeu a vez / tira as calças do chinês". O problema é que na escola tem vários chinesinhos.

– Onde você aprendeu isso?

– Na escola.

– Você não pode cantar isso lá.

– Poder eu posso. A senhora quis dizer que eu não devo.

– É. Não deve.

– A gente não canta isso pra eles. A gente só canta.

– Eu sei. Mas eles escutam.

– Mas não é pra eles.

– Estêvão, vocês são a maioria.

– E daí?

– Eu aposto que eles não gostam.

– Eles nunca disseram nada.

– Eu tenho certeza de que eles não gostam.

– Mas eles nunca disseram nada.

– Tá. Imagine que eu tenho 8 anos. Um grupo de amiguinhos meus está brincando, às vezes até comigo, amigavelmente. Ninguém tá me fazendo nada de mais. Mas aí eles tão cantando... "1, 2, 3, princesa não é rainha, tira as calças da ceguinha...". Mesmo que eles não me toquem, eu vou ficar sem graça. Não vou falar, porque são meus amigos, e me tratam bem, e vai parecer que estou implicando, mas eu sou cega. E eu estou de calças!

– Mas cegueira é deficiência.

– O ponto aqui não é deficiência. É diferença. Entendeu? Eles não são deficientes, mas são diferentes. E minoria. Isso tem algumas semelhanças, nesse caso.

– Qual?

– Eles lidam com a discriminação, quando a maioria diz ou faz alguma coisa que manda a seguinte mensagem: "Você é diferente de mim. Você não é um igual". Porque a música só manda tirar as calças do chinês. Não fala nada do branquinho, do moreninho, do loirinho... Você já viu uma música que fala de fazer alguma coisa com uma criança loira?

E lá fui eu introduzir o Estêvão nas músicas de roda de cunho racista, pra ele aprender a pensar, a somar dois mais dois e a escolher, conscientemente, de que lado vai ficar. E falei da música que chama uma menina pobre de barata e de mentirosa.

Fala-se muito, com razão, das crianças agredidas. Das crianças que choram no pátio das escolas. E isso é horrível. E dói nas mães, e elas merecem todo apoio, toda atenção; primeiro, aliás, porque a maioria diz que não tem problema nenhum.

Mas essas outras crianças, essas que fazem as outras chorarem, elas também precisam de ajuda. Elas precisam de lições básicas de amor, empatia, respeito, resiliência, ternura, não violência. Elas não precisam que alguém lhes diga que algo está errado com elas. Elas sentem que são diferentes. Elas crescem ouvindo os rótulos, que grudam nelas como cola. "Fulano é um terror" – detesto esse! –, "é um manipulador!". E quando não é assim, dizem-lhes que está tudo bem. Que é normal agredir os outros, tornando-se surdos ao seu pedido de socorro.

Porque, se quem é agredido, no momento da agressão, pede socorro, faz-se porta-voz do seu agressor. Este é quem pede socorro, em primeiro lugar. Se estou bem, se estou em harmonia, não preciso agredir. Não preciso me sobrepor ao outro para tentar que ele ecoe o que eu sinto, ou que ele se sinta tão mal quanto eu, ou que ele me faça esquecer como eu me sinto. Eu só faço alguém sofrer deliberadamente se estiver sofrendo primeiro.

Então, essas crianças que agridem sabem que existem páginas que elas pularam, que existem lições que não aprenderam, que elas pensam diferente, pensam diferente. E quando agridem, claro, ficam meio sem jeito, mas... no fundo, muitas vezes, sentem que só deram voz a uma coisa que está no ar, que é cochichada pelos adultos, mas à qual elas deram voz. Ou sentem que devem se arrepender, mas não entendem exatamente por quê.

Eu nunca precisei ensinar o Estêvão a falar; as concordâncias dele são perfeitas. Mas nunca precisei ensinar pra Mariles a diferença entre "não posso" e "não devo". E tudo bem. São só coisas que eles precisam aprender. Cada qual com sua demanda. E eles são crianças, e eu sou mãe, tou aqui pra isso mesmo, é a minha missão, por agora, e não só a aceito como me sinto privilegiada.

Mas acho válido ampliar o debate. Falar das crianças que sofrem violência, mas um pouco das que praticam também, não para minimizar a dor das primeiras, mas para mostrar que o outro lado também está sofrendo, e ainda tem o agravante de derramar sua descompensação pelo mundo, como tantos de nós, adultos, fazemos.

O problema é que, pelo que tenho visto, muita gente se omite diante da violência infantil – praticada e sofrida por crianças –, especialmente a psicológica, que, salvo exceção, deixa as marcas mais indeléveis. Fecham os olhos para vítimas e algozes, como se, por serem "coisas de criança", não tivesse importância alguma para nenhum dos lados... E, acreditem, tem importância sim. Para os dois. As famílias, muitas vezes, não sabem bem o que fazer. Entre conivência e punições exageradas, normalmente mais incentivamos a violência que compreendemos e acolhemos os envolvidos, perdendo facilmente a dimensão do que são e do que esperam de nós.

Enfim, esse é um "precisamos falar sobre isso" bem grande, que deve ser levado com muita ternura, com muita coragem, com muita decisão, mas também com muita objetividade.

Falamos muito em fé nas divindades. Saber a posição das pessoas sobre uma realidade, em última das análises, abstrata, é cada vez mais importante para aferir juízo de valor sobre nossos semelhantes. Gostaria, entretanto, de encerrar essa fala com uma declaração de fé totalmente arreligiosa, porque transcende qualquer posicionamento ideológico tradicional: eu acredito em gente; mas acredito, sobretudo, em criança. Eu acredito nos meus filhos. Em todos eles. E gostaria que vocês acreditassem nos seus. Seus filhos, seus alunos. E lhes dessem todos os recursos disponíveis em seus corações para que eles possam honrar essa fé. Não se trata aqui de dar coisas, mas de dar a alma. Esvaziar aos pés deles. Dos fracos e dos "fortes" que são os mais fracos da equação que, ao agredirem, enfraquecem os demais.

~ Citações que estou pensando aqui: ~

Eles são deuses
Eles não são
Eles são deuses
Claro que não
Eles são deuses e ninguém é
Eles são deuses
Porque são deuses
Porque só deuses vivem sem fé.

(*Alexandre Lemos*)

Existem muitos jovens vazios porque há poucos adultos transbordando.

(*Pe. Zezinho*)

***

O terceiro desejo

Era uma vez alguém, que pode ser qualquer um, inclusive eu ou você. Esse alguém andava pela praia, os pés descalços enterrando levemente na areia. Andava contra o vento, sob um céu absurdo, diante de um mar perfeito, impetuoso e, ao mesmo tempo, sereníssimo. De repente, viu que algo brilhava, refletindo o sol obsequioso. Vislumbrou e reconheceu os contornos de uma lâmpada.

Ora, todos sabemos o que acontece quando lâmpadas são encontradas e esfregadas, e foi justamente o que aconteceu: uma nuvem poderosa, raios, mise-en-scène, explosões e lá estava um gênio, cantando à liberdade recém-adquirida, os olhos brilhantes, comprovando extrema emoção.

– O bem que me fez, devolvo três vezes! – Disse o gênio. – Saiba que quase tudo posso, então vou te conceder três desejos.

– Três? – Perguntou alguém, confuso e maravilhado.

– Sim, três. Pensa bem. Pede bem, pois eles são irrevogáveis e mudarão toda a sua vida.

– E existem condições, limitações para os desejos?

– Oh, sim! Naturalmente... Mas o caminho só se faz ao caminhar, e um desejo só pode ser ou não depois que alguém desejar. Mas não se preocupe! Se me pedir algo impossível, poderá tentar outra vez, até que perfaça três desejos satisfeitos.

Alguém pensou, pensou, pensou. Sabia o que mais queria, mas teve medo de pedir. Então fez que as prioridades descessem um pouquinho e substituiu. O gênio recebeu seu pedido com um sorriso largo e, com um volteio de capa, concedeu a realização. Alguém vibrou, triunfante. O mar parecia digno de ser sobrevoado, e o céu de ser navegado. O paraíso estava ao dispor de suas mãos, e ele o tocou, ávido e incrédulo, reconhecido e exultante.

Em seguida, o gênio pediu que ele fizesse seu segundo desejo. Novamente, aquele desejo soberano lhe veio, mas o medo foi maior. Obrigou-o a submergir um patamar em suas expectativas e pediu algo igualmente desejável, igualmente importante, mas que não seria, de nenhum modo, sua primeira opção. Novamente o gênio fez uma mesura elegante, um volteio de capa, e lá estava! Segundo desejo realizado! Alguém abençoou os céus, o universo, as areias e o gênio, em particular. Fez promessas descabeladas, elogios descabidos, dançou descalço na praia, o vento ondulando seus cabelos e sua gratidão.

– Agora, vamos! Só falta um desejo. Seu terceiro desejo, irreversível, eterno, transformador e premente. Qual será?

O homem parou e tremeu. Por um instante, desejou ter esquecido. Desejou ter sido capaz de soterrar tão fundo seu desejo mais profundo, que dele não pudesse se lembrar. Mas claro que isso não aconteceu. Entrou na própria mente. Segurou o desejo com as mãos. Olhou suas reentrâncias de sonho tenaz e poderoso. Sentiu seu cheiro tênue e frágil, de brisa, de chuva, de esperança, de clarão promissor da primeira aurora dos primeiros tempos. Será que ele resistiria à realidade? Será que seria tão brilhante e tépido e reconfortante? Será que ousaria dividi-lo com o mundo? O gênio sorriu, vendo o desejo na ponta dos dedos e dos lábios de seu amo.

– Apenas deseje... – Sussurrou o gênio, solícito e gentil.

Os olhos de alguém se encheram de lágrimas, que eram quase automaticamente secas pelo vento ventante.

– O que é? Não é bastante forte para seu desejo?

– Não é isso. – Murmurou de volta, cravando no seu gênio uns olhos de infinita tristeza e sabedoria.

– Eu não posso te dar meu terceiro desejo. Ele é muito meu.

– Eu não quero seu desejo. – Explicou o gênio. – Eu vou realizá-lo para você. Ele será todo seu. Alguém apertou seu desejo entre as mãos, com um olhar protetor para o sonho inteiramente aninhado.

– O que você vai fazer, então? – Pediu o gênio, surpreso.

– Vou buscá-lo.

Num ato contínuo, entreabriu as mãos, devagar. O desejo colocou a cabecinha para fora, penugem clara e delicada contra a praia imensa. Em seguida, espichou-se ainda mais, seu cheiro de brisa sonhadora impressionando até o gênio. Depois afastou-se das mãos e do coração do sonhador, experimentando o fluxo que o levaria para a imensidão.

– Então vem... – falou o desejo – Vem me buscar!

E voou para longe, deixando no chão o gosto das estrelas. Alguém o viu partir e, em seguida, lentamente, virou-se na direção por onde ele subiu e começou a segui-lo, ao longo da areia morna e cariciosa.

O gênio cravou o olhar em suas costas, perplexo. Quantos seres humanos abririam mão de um gênio que quase tudo podia, para perseguir seu maior sonho com as próprias mãos, submetidos às limitações dos seus pés nus?

Depois desse pensamento, encolheu-se em sua lâmpada

velha e dormiu, pelos próximos cem anos.

***

Doze em cada dez jornalistas, ao entrevistarem cegos, sapecam: "Qual sua maior dificuldade...". Seguem, assim, sugestões de perguntas inspiradoras que talvez possam dar uma variada:

1- Qual sua maior conquista?

2- Qual sua maior motivação?

3- O que você faria se pudesse voltar a ver por um curto período de tempo?

4- Como você sente as coisas que não pode ver?

5- Sua deficiência já te proporcionou situações engraçadas?

6- O que mais te irrita, no dia a dia?

7- Você imagina as cores?

8- Quando você sonha, consegue enxergar?

9- Como uma pessoa que enxerga pode fazer para ajudar um deficiente na rua?

10- Como você imagina as pessoas que nunca viu?

11- Você já teve vontade de estirar o dedo do meio para alguém? Se sim, como você fez para garantir que ele visse o seu gesto?

12- Como você faz para comer cachorro-quente / sorvete de casquinha?

13- Como você faz para saber se a água do arroz secou?

14- Como você separa a gema da clara na hora de fazer as claras em neve?

15- Como você faz para comprar numa loja quando o vendedor te trata de má vontade?

Mas o meu sonho, o meu sonho dourado...

1- Como cega, você acha que tem as mesmas oportunidades de acesso à informação?

2- O que você acha da política do país?

3- Você é a favor da eutanásia? E do aborto?

4- Você já pensou em concorrer a algum cargo político?

5- Qual sua cor favorita?

6- Você lê livros? Se sim, como?

7- Como a sociedade pode fazer para tornar a vida do deficiente mais fácil?

Continuo sonhando?

Penso, ainda, em respostas alternativas para essa eterna primeira pergunta – se o povo não varia, talvez eu possa:

1- Começar a chorar (é muito difícil!).

2- Dizer que é a Dilma. Só porque tá na moda.

3- Dizer que é achar uma forma prática, duradoura e indolor de depilar a virilha. É mentira, mas deve ser muito engraçado dizer um trem desses numa tomada ao vivo.

4- Dançar zumba – não acho um vídeo descritivo dos passos de jeito nenhum.

5- Dinheiro. É, tá ruim pra todo mundo.

6- Achar o livro *A dama do vizir*, de Hermínio Miranda, digitalizado.

7- Dormir! Tá um calor doido, né?

***

Cris foi uma gravidez não planejada, e não é que não tenha sido desejada depois que eu soube, mas, realmente, outro bebê não estava nos meus planos. Ficava me perguntando onde raios ia encaixar na minha vida outro bebê, que nem era do sexo que eu queria – sim, eu sou sincera. "Minha vida tá completa!", eu pensava. Tinha um casal, cada um no seu quartinho pintado de cor característica. Tinha uma menina que podia ter algum problema sério e um menino que exigia cada grama de paciência e autocontrole que eu pudesse ter ou fabricar no desespero, então, não era como se eu tivesse tempo e energia sobrando. Enfim, estava na zona de conforto, mas com desafios suficientes que me fizessem crescer e amadurecer, sem grandes sacrifícios, mas com eficiência. Um dia, desabafando com uma amiga quase franca demais pro meu gosto, ela disse:

– Agradeça, é só um bebê. Com bebês você sabe lidar! Podia ser um câncer de ovário!

Fiquei chocada com a analogia, mas peguei o espírito: um novo bebê não era nenhuma tragédia e era algo com o qual, por fim, eu estava acostumada. Então a gravidez andou e o parto foi o oposto do que eu queria. Olha, não é que um parto determine o amor pelo filho, mas admito que cheguei a pensar que, se nunca tivesse engravidado, não teria encarado outra cesárea. Não tenho orgulho de nenhum desses pensamentos, mas pensei, sim. Ele mamava em mim e eu pensava: tá bom, Cris, mas o que você veio fazer aqui? E justo agora! Não podia ser no ano que vem? Olha, não é pessoal, é só circunstancial, eu sei que a gente vai superar essa fase, não que você tenha muita escolha no momento, mas eu tenho, e sempre vou escolher o que for melhor pra você.

O meu bebê era claustrofóbico e não queria saber de dormir em locais fechados – eu tive pequenas crises de claustrofobia durante a gravidez e, não, nunca tive isso nem antes nem depois. Ele também preferia comer ao ar livre e rugia. No começo, assustei muito com aquele bebezinho de quatro meses arreganhando os dentes e rugindo pra mim, pros bichinhos na rua, pra vida em geral. "Olha o passarinho, Cristóvão!" – "gr-grgrgrgr!".

Não sei quando exatamente passamos da convivência pacífica para a adoração recíproca. Em dado momento eu pensei: caramba, eu amo esse bebê! E foi uma constatação! Um alívio, um presente, um marco. E um belo dia constatei que ele também me amava. Não digo que ele começou a me amar naquele belo dia, mas, naquele belo dia, finalmente, percebi. Hoje penso que ele é tão essencial pra mim quanto meu braço direito. Ele é tão indispensável quanto os dois que planejei. É tão filho das minhas entranhas e do meu amor quanto Estêvão e Mariles Estela. Leio as coisas que pensava, sobre a maternidade e a vida em geral, e me acho tão fútil, tão infantil! Sério que eu era mesmo aquela que era, antes do Cristóvão? Penso na mãe que sou antes e depois do Cris, e não duvido de que Estêvão e Mariles tenham uma mãe dez vezes melhor do que antes do Cristóvão nascer.

Não tenho mais um quarto para cada filho, pintado de cor característica, mas tenho três filhos num mesmo quarto, três caminhas alinhadas com um guarda-roupa na frente, e um quarto que é de brinquedos e de estudos. E minha cesárea, bem, não posso dizer quão pior eu teria sido sem ela, mas nos 800 dias do Cris eu pensei que tinha sido graças a ela que meu filho viera ao mundo e, sim, me senti absurdamente grata. Embora eu tivesse preferido não ter sido cortada, pra mim tudo bem ter sido cortada pra ter meu "bebê gangão" do lado de cá. Não sei exatamente por que, mas ter esse bebê não planejado me amadureceu uns dez anos e me emagreceu uns 15 quilos, simbólica e literalmente.

Mas por quê? Por quê? Por quê? Esses são os segredos do amor.

CAPÍTULO 9

Se você fizer o que sempre foi feito,
vai chegar onde todos chegaram.

Bater em crianças é cultural. É fácil. É socialmente aceitável e esperável. É indicado por terapeutas, mas não funciona. Condiciona, mas não educa, e, sim, existe uma enorme diferença entre uma coisa e outra. Claro, dizem que, se você não bater, seu filho vai crescer, virar um marginal e ir pra cadeia, mas ninguém se lembrou de perguntar quantos dos que estão lá apanharam dos seus pais, num esforço consciente deles de educar os filhos.

É comuníssima a fala "já bati, mas não adiantou". Mas, pera aí, bater não era a panaceia mágica que educaria os filhos? Ah, tá... Se ela não adiantar, então você pode lavar as mãos e dizer que fez tudo? Tudo que sabia, talvez. Não tudo que havia para ser feito. Nós, apesar de estarmos inseridos em um universo globalizado, salvo exceções, estamos em um contexto de experiências bastante limitado. Limitado ao que achamos que funcionou; limitado ao que a educadora que vai no programa de tv diz; limitado ao que aconteceu em nossa cidade, em nosso bairro, o que, de nenhum modo, é um extrato de todas as possibilidades existentes no mundo e capazes de serem engendradas pela mente humana. Há crianças ditas impossíveis, vindas de lares harmônicos e respeitosos. Para alguns, elas não estão ganhando "limites", esses que não funcionam para a maioria.

Mas seus pais e educadores estão buscando outros horizontes que, acreditem, têm funcionado. A prática de esportes, musicalização, teatro e artesanato – possibilidades que são oferecidas gratuitamente em alguns meios, não em todos, infelizmente – são formas não violentas de trabalhar e desenvolver os potenciais, educando o que está em desequilíbrio. Cantar para seu filho em crise resolve e educa mais que uma palmada. Eu posso dizer, porque já fiz os dois. A voz quebra a tensão. Harmoniza. Coloca a criança em outra vibe. É, assim, como girar uma chave.

Nem sempre consigo, porque sou humana, mas já resolvi ataques homéricos de birra assim. Cristóvão puxando meu cabelo, berrando sua discordância e eu começava a cantar pra ele: *"Olá, liberdade, desculpa eu vir aqui sem avisar... Mas já era tarde... E o sol está cansado de esperar... Bom dia, alegria... A minha companhia vai cantar... Sutis melodias... Pra te acordar..."*, do Chico. No "Desculpa eu vir aqui", ele já estava calmo. Os circunstantes devem ter pensado: "essa aí não impõe limite aos seus filhos", até que ele parou. Impus, sim. Só que de outro jeito. Um jeito que fez ele se conectar consigo mesmo. Um jeito que, não só cessou o movimento, mas também acalmou por dentro. Eu dei para ele a harmonia que ele não tinha no momento, em vez de deixar que ele solapasse a minha. Limite. Não houve medo. Não houve dor. Só harmonia.

Meditação para crianças também ajuda. O quê?! Pois é, ajuda, sim. Claro que, para isso, eu tive que aprender, antes... Mas ajuda. Ensinar que ela pode se separar do turbilhão dos próprios pensamentos, observar, acolher, conscientizar, mas escolher como e quando entrar... Isso não é impor limites? Educação acadêmica, ok. Educação higiênica? Ok. Economia emocional... Oi? Orientação mental... Oi? Algumas crianças simplesmente precisam dessas matérias a mais, para se reequilibrar... Elas precisam disso, e não dá pra substituir por palmada. E está tudo bem. A gente não precisa apontar o dedo; só precisa descobrir o que funciona.

Como que seu filho sem limites fica depois de um passeio com alguém à beira-mar? Como seu filho sem limites se comporta depois de ficar contigo à luz da lua, recebendo toda a energia do céu, da Lua, da vida? Ah, Jobis, desculpa, nada disso cabe na minha filosofia. Tudo bem. Mas precisa caber alguma coisa que funcione e traga paz. Porque a qualidade de vida dentro da família é até mais importante que o poder de compra da educação acadêmica.

Como raios a gente vai viver sem paz? Vai voltar toda noite pra uma casa em que não se sente bem? É disso que estou falando. Você não precisa gritar pra impor limites. Nem bater. Claro que não abraçar essas propostas significa desconstruir muita coisa. Significa te reconstruir. Significa ir aonde você nunca esteve. Significa sair de onde está a maioria e se expor aos dedos apontados. Significa se ver, por vezes, diante do caos e não saber exatamente o que fazer, porque todas as atitudes que estão inscritas no teu cérebro pelas posturas dos demais não contam com sua confiança... Mas significa, também, ir além. Se ver e ver eu filho além da percepção inicial de que "é uma criança difícil". Significa gostar de voltar para casa todos os dias. Significa não sentir que aquele bebezinho totalmente conectado a você, na medida em que cresce, mais se torna um estranho. Significa conseguir ter conversas com ele. Significa aprender a perguntar antes de reagir. Significa aprender a ouvir as respostas, para encontrar a melhor forma de reagir.

Ontem fomos ao clube à tarde. De repente, começou a chover. Lá é grande. Estêvão não teve dúvidas: pegou a sacola de roupa, onde estavam todas as roupas dos outros filhos, e correu para o banheiro mais próximo, bem longe de nós. Normalmente, eu pegaria a sacola da roupa de cada um, dentro da bolsa grande, e iria com a Mariles para o banheiro feminino, e ele com o Totó para o masculino. Eu ajudaria a Mariles e ele ajudaria o irmão. Mas, ao ver a chuva, ele atropelou todo mundo, para garantir que ficaria seco quanto antes. Eu fiquei furiosa, é claro. Que moleque egoísta e sem noção! Entramos debaixo do guarda-sol e esperamos, comigo furiosa, pensando em que coisa terrível poderia dizer, para que ele percebesse quanto tinha sido mal. Ele chegou, nos viu os três espremidos.

– Por que você saiu? – Atirei na direção dele.

– Fiquei com medo de me molhar.

– Você já estava molhado.

– Fiquei com medo de ficar doente.

– Mas você levou a roupa dos outros!

– Eu fiquei com medo da chuva.

– Mas você levou todas as roupas dos outros!

– Eu fiquei com medo.

– E onde estão as roupas?

– Eu esqueci no banheiro.

– Você o que?

E lá foi correndo para o banheiro, buscar a sacola.

– Estêvão! Para. – Eu disse, quando ele finalmente voltou. – Você está atropelando a família toda e está agindo sem pensar. Para.

Ele parou, a respiração entrecortada por causa da corrida.

– Nós já poderíamos ter ido todos juntos ao banheiro nos trocar. Quando uma crise acontecer e você não souber o que fazer, peça ajuda! Não saia agindo sem pensar. Pare, pense, entenda o quadro e peça ajuda. Troque ideia com as pessoas, ok?

Ele começou a chorar.

– Eu sou uma pessoa horrível!

Tinha sido a minha conclusão, quando ele foi pro banheiro, pela primeira vez.

– Não. Você foi precipitado. Eu não posso ir de bengala pro banheiro chovendo assim. Eu levo Totó no colo, você me leva pela mão e segura a Mariles. Já a gente se seca, se troca e vamos lanchar, ok?

– Ok. A senhora ainda vai brigar comigo?

– Vou precisar fazer isso?

– Hoje não.

E saímos. Conversar... ouvir... entender... para, assim, orientar. Citando Odent, é tão simples, que até tenho vergonha de insistir... A maior dificuldade aqui é fugir dos condicionamentos que a violência impôs. Tivesse ele ficado depois da primeira fuga; não tivesse eu aquele tempo de refletir debaixo do guarda-sol, com Mariles apontando todas as coisas e pessoas que via, teria berrado que meu filho era egoísta, e jamais entenderia o que realmente estava acontecendo ali. Teria estragado o passeio, infelicitado os dois menores e não teria educado meu filho, afinal, ele precisava ser instruído sobre como agir em situações inesperadas, não sobre a necessidade de ser caridoso e empático.

Note, ainda, que o meu primeiro impulso foi... o mesmo dele! Agir por impulso. Ele e eu cometemos o mesmo erro. Eu só não tive ocasião de expressar. E quando eu o confrontei, como já tinha feito o caminho, o mesmo que aconselhava a ele, de parar, trocar ideia com a pessoa e só então agir, ele conseguiu fazer o que eu dizia. Porque a sintonia já estava lá. Foi só ele entrar.

Essa é a diferença entre condicionar e educar, que eu falei ali, no comecinho. É isso que desistir dos métodos tradicionais pode proporcionar ao relacionamento entre pais e filhos. Sabe qual a minha aposta? É que, da próxima vez em que estiver diante de uma crise, ele vai lembrar desse dia. E vai fazer melhor que sair correndo com a roupa de todo mundo.

***

Um salão na Itália está dando curso para as mulheres cegas aprenderem a cuidar da própria beleza. Enquanto isso, sobram pessoas para ir cortar os cabelos dos cegos nas associações, mas ninguém coloca uma tesoura na mão deles e diz: vamos lá, vamos aprender a cortar o teu cabelo. Chocou? Eu corto o meu cabelo há anos, porque cansei de dizer "só a pontinha, por favor", mostrar exatamente o que queria, mas terminar com cinco dedos a menos de cabelo no final, quando não arredondado, repicado, tudo que eu não tinha pedido. Também sei fazer as minhas unhas, embora prefira uma manicure, porque demoooooooora e eu posso escolher o esmalte que quiser, não ficar restrita aos mais clarinhos. Depilação sei fazer também. Cera, creme ou depilador elétrico, meu favorito.

Mas, salvo no aspecto da maquiagem, nunca tive apoio.

Nunca. Sempre ouvi "pra que você vai se meter nisso?", "você é doida!", "vai se machucar!", "vai estragar tudo!". No geral tive que fazer primeiro, quietinha, sem contar nada pra ninguém, pra evitar a fadiga. E quando saio de casa, é comuníssimo ouvir: "quem te maquia?"; "Quem escolheu suas roupas?"; "Quem te arrumou tão direitinho?"; "Quem fez essa trança linda no teu cabelo?"; "Onde você cortou o cabelo?".

O deficiente precisa fazer um longo – longuíssimo – caminho de empoderamento do próprio corpo, do direito de ter a própria imagem – sim, isso também. Sei de cegas que passam anos – eu disse anos! – sem ter o direito de usar a roupa que quiserem, porque seus carcereir... ops, abnegados cuidadores querem lhe impor o seu gosto. Sabe aquela cena? Vou descrever em detalhes: a ceguinha vai à loja de roupas com a mãe ou irmã ou cuidador mais próximo. A vendedora fala com o cuidador, claro, não com ela. O cuidador escolhe o que fica bem nela ou não, de acordo com a opinião dele, não da cega. E, ou leva para casa para a cega provar longe da loja, ou leva a ceguinha para o provador e escolhe por ela... E ai dela se gostar de algo que ele não gosta: isso é feio pra você! "Você vai usar isto aqui".

Já conheci cegas que suspiravam pelo direito de usar roupas mais abertas e eram literalmente impedidas por seus carce... cuidadores, afinal, eles tinham o direito de vesti-las como bem lhes prouvesse; eles escolhiam suas roupas. Sequer tinham o direito de passar a mão pelas araras – "tira a mão daí, eu já estou vendo pra você!" –, e, né, muitos não bancam o "espetáculo" de um cego alisando os produtos em exposição. Quer coisa mais cega que cego alisando produtos em uma loja? Muitos cuidadores andam com o cego, desde que ele não tenha vez nem voto; desde que ele não pareça um... cego.

"Mas ninguém é bom sendo o que não é". E ninguém é feliz sendo o que não é. Outras que eram obrigadas a usar vestes mais abertas, que as constrangiam, mas não podiam fazer nada sobre isso, afinal "a moda é essa e você não vai andar como uma velha/crente". E é assim que a superproteção obstrui a formação da identidade da pessoa cega. Aprender a se cuidar é aprender a fazer escolhas conscientes sobre o seu corpo é aprender a se conhecer. É aprender que tem direito de decidir como quer ser vista, já que vai ser vista de qualquer maneira.

Então, companheiros da Itália, eu vos suplico, venham para o Brasil... Ensinar nossas cegas a cuidarem da própria beleza, para o escândalo supremo das associações para cegos e dos cuidadores superprotetores. Assim seja, aleluia, amém.

***

Tudo tem mil lados. Estêvão todo dia reclama da professora. A maioria das críticas era totalmente sem noção. Eu ouvia, contemporizava, mas hoje deu.

– Por acaso eu tenho que respeitar ela como se fosse minha mãe?

– Você tem que respeitá-la como se fosse sua professora.

– Mas...

– Não tem meio mas aqui. Dentro da sala de aula, ela é a autoridade. Você tem o direito de discordar dela, mas nada que ela faça ou diga te dá o direito de desrespeitá-la em sala de aula.

– Ah, e ela pode me desrespeitar, por acaso?

– E por que alguém tem que desrespeitar alguém? Se ela por acaso te desrespeitar, eu converso com ela; se você a desrespeitar, eu converso contigo. Todo mundo respeita todo mundo, porque é assim que tem que ser.

– Mas a aula dela é muito chata!

– Isso não te dá o direito de atazanar a aula dela. Se você não gosta, converse. Dê sugestões, aprenda a fazer a diferença com qualidade.

– Ah, a senhora diz isso porque não vê os outros meninos conversando...

– Eles não são da minha conta. Você é. Já vi muito menininho de escola zoando professora, ridicularizando professora, infernizando aula da professora. Eu sei que o sistema não é o melhor do mundo, mas uma coisa que não vai mudar ele é você se colocando contra sua professora, dentro da sala de aula. Sente na escrivaninha, faça uma lista de sugestões. A gente analisa, leva para a escola, apresenta à direção, aos outros pais, debate a viabilidade. É assim que a gente muda as coisas, não hostilizando os outros. As suas professoras levam trabalho pra casa, ganham salários totalmente incompatíveis com a responsabilidade social delas e ainda precisam aturar mimimi de aluno descompensado. Olha aqui, Estêvão, eu fui aluna também. Sei que a gente não adora todos os nossos professores, mas isso jamais deve ser desculpa para a gente esquecer que eles estão ali pra passar o que sabem, e nós pra aprender o que eles têm a nos ensinar. A felicidade na vida também passa por aprender a ter tolerância com os que estão acima de nós e aprender que estar chateado ou frustrado com alguma coisa não é desculpa para tratar mal os outros ou dificultar a vida deles um pinguinho a mais do que seja indispensável.

Sim, eu disse isso pra uma criança de 6 anos. Sim, eu acho que ele entendeu. Não, eu não acho que fui violenta nem agressiva. Acho que ele precisava desse choque de realidade e acho que um dos riscos de ser uma mãe ativa e conectada às necessidades dos filhos é fechar os olhos para as pequenas ou grandes tiranias que eles façam aqui e ali. Autonomia é bom, iniciativa é tri, inteligência é super, mas respeito humano e um pouquinho de noção de hierarquia não fazem mal a ninguém e, não, não estão intimamente ligados à submissão emocional e ideológica.

***

Ela me escreveu um e-mail com esta frase, dentre outras:

"Jô, vc parece estar até hj em lua de mel com a maternidade. Vc sabe q estou casada há 4 anos. As pessoas estão me pressionando. Queria que vc me dissesse algumas palavras de incentivo para querer ter filhos".

Então comecei a resposta dessa parte com:

"Não tenha filhos! Você tem razão, eu estou em lua de mel com

a maternidade até hoje, mas a maternidade não é nenhuma lua de mel. As pessoas sempre parecem saber o que é melhor para sua vida, mas, via de regra, elas estão erradas. Só você é quem sabe. Filho é bom, mas não tem volta. Não tem hora. Não tem garantia e também não tem validade. Claro que, tecnicamente, você pode ter um filho e ele não ser prioridade na sua vida, e você pode segui-la basicamente como era antes, encaixando a maternidade nos espaços que sobram, junto com outras coisas que você precisa, mas não gosta realmente, mas isso não é desejável. Claro que você pode começar pressionada e se convencendo de que é o que tem que fazer agora, embora não seja o que queira, e um belo dia descobrir que aquela borboletinha que mexia na sua barriga virou sua vida de cabeça pra baixo e você adorou, mas também pode terminar desesperada de sono, cansaço e frustração numa madrugada, querendo atirar o seu bebê ou pré-adolescente de paraquedas nas vidas de todos que praticamente te obrigaram a engravidar. E aí? Não me leve a mal, por favor... Você sabe que eu sou 'a favor de filhos', preferencialmente até mais que um, mas isso só conta se você estiver a fim. Pra mim, querer realmente é muito mais importante que a sua conta bancária ou em que parte da cidade você mora. No dia em que você quiser ter um filho, ou mesmo quiser começar a querer por si mesma, vou adorar te falar de todos os motivos que me fazem estar em lua de mel com algo que, em essência, não é nenhuma lua de mel. Mas, por enquanto, quando seu maior argumento é a pressão dos outros, eu chego mesmo a pedir que não tenha filhos, por agora. Espere mais um pouco. Pense mais um pouco. Viva mais um pouco. Conecte-se mais um pouco e sinta seu coração. E, sério, tudo bem se for não. Normal se você não quiser um filho, nem agora, nem nunca. Essa obrigatoriedade que tentam nos impingir, essa uniformidade de quereres por fases da vida, é agressiva. Todas somos diferentes, e mais importante até que viver a vida é descobrir que pessoa nós queremos ser.

 Beijos de quem acha que frases do tipo 'você só vai ser mulher de verdade quando for mãe' uma das coisas mais ridículas de todos os tempos! Jô."

***

– Olha aqui, mamãe, eu estou muito blava! Esse é o dia mais blavo da minha vida!

– Eu entendi, Mariles.

– Não! É o dia mais blavo da minha vida! Mais terrívio da minha vida!

(Eu não deixei ela lavar o cabelo às 10h da noite, por isso a revolta).

– Logo você dorme e melhora.

– Não, mamãe! Eu estou blava! A senhola acabou com a minha vida!

– Lamento, Mariles... Daqui a pouco sua vida recomeça.

– Recomeça nada! Minha vida tá acabada! Eu vou morrer de tristezeira!

– Tá bom...

– Tá bom nada. Tá ruim! Eu estou blava!

– Umrrum...

– É o dia mais tliste da minha vida!

– Eu posso ajudar?

– Pode.

Pausa. Deita ao meu lado.

– Mamãe, posso fazer uma pergunta?

– Pode.

– O que é vida?

~ Aceito sugestões de respostas ~

***

A vida está me punindo. Bem feito pra mim. Eu não gosto da Galinha Pintadinha. Visualmente não sei, mas musicalmente não desce, nem com toda empatia do mundo. Mas daí o Cris conheceu e pedia que pedia que pedia... E como não tinha nada demais, além da qualidade musical discutível, e como ele tinha contato com outras coisas mais caprichadas, e como o proibido é mais gostoso, e como eu jurava que ele esqueceria do dvd em pouco tempo, e como tento respeitar as escolhas deles, sempre que possível, e como eu tenho um fone de ouvido maravilhoso, cedi. Daqueles dvds piratex, Galinha Pintadinha 1, 2, 3 e 4. Ele entrou em lua de mel. Era chegar da escola e já ia correndo pra tv, pedindo o dito. E eu punha – fazer o quê? Não ia colocar o menino pra ouvir "radinho" (www.radinho.com.br) o dia todo, né? "Quem não soube a sombra, não sabe a luz" etc.

E o que aconteceu? O dvd estragou. O aparelho. Com o dvd da galinha dentro. Esse que tem o 1, 2, 3 e 4 na mesma mídia. E faz quatro dias que aqui só se ouve vocês sabem o que, vocês sabem quanto. É isso aí, a vida está me punindo. Minha esperança é que, depois dessa overdose, eles enjoem de vez.

***

– Mamãe, minha letra cursiva está uma beleza!

– Meus parabéns!

– Sabia que eu já ganhei três parabéns das professoras?

– Com o meu, então, são quatro.

– É, mas a senhora nem viu minha letra cursiva.

– O que faz do meu mais valioso que os outros.

– Mas por quê?

– Porque o meu parabéns é também um voto de confiança. Se você diz que sua letra está boa, eu não preciso ver para acreditar em você. Alguém que acredita na gente é a coisa mais valiosa do mundo.

***

– Eu quero chutar o Estêvão como se ele fosse uma bola!

– Mariles, ele é seu irmão!

– Agola ele não é meu irmão! Ele é uma bola murcha e fedida!

– E por que ele é uma bola murcha e fedida?

– Porque ele chutou meu pipi!

– Porque ela me lambeu e me bateu.

– Porque ele mexeu na minha boneca!

– Porque ela me chamou de batata podre!

– Porque ele mexeu no meu joguinho!

– Porque ela...

– Chega! Tá todo mundo mentindo!

– E como que a senhora sabe?

– Ninguém tem uma memória retroativa tão grande assim. E o padrão seria vocês terem começado a chorar bem antes. Mariles, vai chutar bola no quintal.

– E eu, mamãe?

– Vai deitar no chão, fingindo de bola!

– Mamãe!

– Vocês mentiram tanto que eu acabei me contaminando! Uma mentira puxa outra.

– Mas, mamãe, o que eu faço? Quer que eu faça massagem no pipi dela?

– Mariles, vai chutar bola! Estêvão, vai arrumar as bonecas dela.

– Mas ele chutou meu pipi...

– Mas ela mexeu no meu joguinho.

– Mamãe, aonde a senhola vai?

– Cuidar da minha vida. Vocês que se entendam.

~ Menas materna,[7] a gente vê por aqui ~

***

Cristóvão ontem achou uma luva velha e veio me procurar:

– A luva cabeu de mim. Agola, tua vez.

Deixei ele tentar. O troço esticava. Ele encaixou meus dedos e esticou, até cobrir toda a palma. Depois, incrivelmente, gritou um "eba!" e começou a bater palmas:

– Eu tabia, eu tabia! Mamãe tabém é pequena!

Telefone tocou, Mariles atendeu. Depois veio me explicar:

– Mamãe, era uma mulher perdida.

– Como assim?

– Ela era uma mulher perdida. Ligou pra casa errada.

***

A brincadeira favorita do Cristóvão ainda é sair correndo barulhentamente e, ao encontrar alguém da família, gritar um "buuummmm", na maior altura que conseguir. Mas um dia estava tão concentrado no que ia fazer que bateu a cabeça na porta. E Estêvão, malvadamente, gritou: "buuuuum!". Ele não gostou. Parou de chorar na hora e berrou, com toda a força que tinha:

– Eu nunca mais vou fazer "bum" pa você! Nunca mais! Você é tato! Feio! Eu vou tomar sabe o que de você? Eu vou tomar a mamãe. Agola mamãe é só do Totó e da Mamá... Não é mais sua. Ponto. Sem mamãe.

***

Não sei exatamente como começou, mas Cristóvão estava brigando com a Mariles. Consegui segurar, antes que ele batesse nela, então a raiva dele mudou o foco:

– Mamãe! Tê não é mais a minha mamãe bonitinha! Tê é um nituonte!

– Pera aí, Cristóvão... rinoceronte? Não pode ser uma gazela, uma girafa, uma zebra, uma onça?

– Não... Não pó nituonte?

– Ahn... eu preferiria um mais...

– Mamãe é um nifante!

– Não...

– Um tubaããão...

– Não.

Mariles:

– Mamãe, é bom ser um tubarão. Tubarão nunca afunda...

Estêvão:

– Nesse caso, melhor mamãe ser uma baleia.

– A gente pode, por favor, mudar de assunto?

– A mamãe é uma galinha! – tentou Estêvão – Galinha Pitadinha!

– Ah, não... Gente, não da pra eu ser só eu mesma?

Então, com todo mundo distraído, ele corre do meu colo e vai bater na Mariles. Estêvão consegue parar. Totó gritou, dos braços dele, enquanto o pobre menino se espremia todo para segurar:

– Otê, Matim! Tê não é mais o Matim! Tê é um nituonti!

Ainda bem que perdi a vez.

***

Espirrar soro fisiológico no nariz do Cristóvão é quase uma operação militar. Fim de semana passado, toda a família se uniu para segurá-lo, porque, não, não tem conversa e, não, um só não dava conta. E enquanto espirrávamos, Estêvão e Mariles começaram a cochichar:

– Quando acabar, vamos sair correndo, pa ele não bater em nós.

E assim fizeram. Mal o remédio acabou de pingar, os dois saíram correndo e gargalhando, o mais rápido que puderam. Ao ver o que acontecia, Cristóvão berrou:

– Condi-condiiii!

E se juntou à brincadeira.

CAPÍTULO 10

*A maioria descreve a maternidade
como a obrigação de educar,*

de dizer o que é certo e errado, uma experiência na qual, esencialmente, a gente fala e eles ouvem - se forem espertos.

Pode ser que mude, mas, até aqui, tem sido especialmente uma experiência de ouvir. Ouvir, observar, relacionar. Tenho aprendido que as crianças precisam muito menos de mim do que imaginei. E muito mais do que poderia prever. Não estou sendo literária. Eles têm uma intuição melhor sobre o que é certo do que poderíamos imaginar; aprendem muito mais se forem levados a concluir um conceito do que se eu o der já pronto – obviamente, a linguagem, ou forma, deverá ser adaptada à idade de cada qual.

Eles podem pensar. Resolver seus problemas. E é isso que precisam aprender, não a ser condicionados. Se você tirar o medo da jogada, se fizer eles acreditarem que podem conversar sobre o que quiserem, a coisa flui. E é linda! Como quando se entra numa contenda e se pergunta pra eles, de cara: "Ok, já foi. Como que a gente faz pra resolver isso?". As ideias começam a surgir. E, de repente, eles se fixam tanto na procura das ideias que se esquecem da contenda. Ou quando eu estava brigando com Mariles e ela disse:

– Tá bem, mamãe. Eu já entendi. Se a senhora continuar brigando, eu vou chorar de tristeza. A senhora quer que eu chore de tristeza para conseguir me desculpar?

Ou quando Estêvão disse:

– Eu já sei que não está certo. Claro que eu sei! Eu não sou bobo. Mas como que a gente faz para conseguir fazer o certo? Isso ninguém me ensina, né? Mamãe, posso perguntar? Adulto faz tudo que sabe que tá certo? E não faz tudo que tá errado?

***

Daí ela diz:

– Sabe o que é, Jô? A gente não sabe o que dizer. Você podia, de repente, escrever um manual?

– Hm, eu acho que não. Nada de manual.

Cegos são pessoas. Pessoas são pessoas. Se você começar por aí, tudo flui. Imagina você virar pra uma pessoa de quem não é íntima e dizer: "Nossa, eu tenho tanta pena de você! Você é um exemplo de vida". Você tem pena dos teus exemplos de vida? Confuso isso. E a gente não diz isso pra uma pessoa, certo?

Agora imagina você dizendo pra aquela tua vizinha feia de viver, com quem tem um relacionamento menos que social: "Você não deve nunca fazer sexo, né? quero dizer, claro que você é bonita, mas, na tua condição, deve ser difícil...". Agora realiza um fulano encontrar sua mãe no meio da rua e soltar: "Essas suas varizes! Como você conseguiu? Você não vai operar? Admiro muito você, com umas pernas dessas, usar saia curta por aí. Precisa muita coragem! Eu te admiro pra caramba. Você é tão pra cima, fica sempre de bom humor! Você não vai entrar em depressão, não?".

Ou, se você não estiver bem: "Eu entendo você ser assim, amargurado, revoltado, infeliz... Eu, no seu lugar, também seria!". Imagina você virar pro seu gerente do banco: "Você mora onde? Tem esposa? Quantas camisas? Soda ou coca? Lençóis lisos ou estampados? Qual a figura do seu mousepad? Já foi à África? Já ficou bêbado? O que tem embaixo da sua cama?".

Agora imagina sua irmã mais nova andando no meio da rua. Um desconhecido segura o braço dela com força e a faz parar; sem se apresentar ou desculpar, e espera que você e ela agradeçam por isso e encarem com naturalidade. Você está andando na rua com seu filho. Aí alguém diz: "Meu Deus, cadê a mãe dele? Que irresponsabilidade deixar alguém assim, no meio da rua!". Você encontra seu professor da faculdade numa repartição bebendo água e diz: "Oh! Professor! Você sabe beber água! Muito bem! Que gracinha!".

Você está na praia, tomando um bronzeado e uma Coca. Daí, aproxima-se a sua vizinha de condomínio e senta do teu lado e fica te encarando. Quando percebe que você não tá gostando, limita-se a te olhar com o rabo do olho. Você fica desconfortável. Ela diz:

– Fica tranquila, eu sou sua vizinha.

Você não se sente mais tranquila por isso e bebe um gole de Coca, enquanto decide se ignora a doida sem noção ou vai procurar outro lugar. Aí ela devolve:

– Você não devia beber Coca.

– Por quê?

– Sua diabetes.

– Mas eu não tenho diabetes!

- Ah! – diz ela, escandindo bem as sílabas e abrindo bem a boca – Desculpe, eu pensei que tinha!

– Por que você está falando assim?

– Nossa, ela escuta!

– E falo, também.

– Não precisa ficar nervosa. Eu sei tudo sobre sua condição. Sabe, eu tive um namorado... E a irmã dele trabalhava na FEBEM. Ela já viu de tudo.

Você não entende o que a irmã do ex-namorado da sua vizinha está fazendo naquela conversa surreal, mas sorri, educadamente, afinal, vai que ela é perigosa. Ela prossegue:

– Qual o nome da sua fisioterapeuta?

– Mas eu não tenho fisioterapeuta.

– Não? Mas precisa... Você sabe, afeta tudo. Tudo está interligado.

– Eu não preciso de fisioterapeuta!

– Filha, eu sei que tudo isso te deixa triste, deprimida, mas vou te contar uma coisa... O meu Deus... Ele veio para pessoas como você! Ele amou bêbados, prostitutas, cobradores de impostos...

Você se pergunta onde raios você se encaixa nessa ladainha e tenta manter-se impávida, até ela terminar, porque a praia tá lotada e você está decidida a descobrir se aquelas técnicas de relaxamento e respiração funcionam mesmo.

– Você deveria ir à minha igreja. Deus tem um plano para você!

Você se critica por não ter escolhido algo mais forte que uma latinha de Coca. Algo entre uma tequila ou uma marreta. Ela continua, como que para garantir que você fique bem longe de qualquer igreja até o fim desta encarnação. Ao final, você passa da raiva para o riso nervoso, e começa a rir pra aliviar a pressão.

– O seu medicamento... deve estar errado, né? Pode se abrir comigo... A irmã do meu ex-namorado.

– Sei, obrigada. Sério, o que vale é a intenção.

Faz menção de se levantar. Ela dá um salto e posiciona-se atrás de você. Iça seu corpo pelas axilas e puxa, quase perigando desestabilizar sua lombar. Sua paciência por fim termina. Você a fulmina com o olhar e solta, entredentes:

– Tira as mãos de mim!

Enquanto cogita trazer um spray pimenta para a próxima vez que for à praia. Levanta-se, ainda irritada e ouve a mulher arfar, impressionada:

– Meu Deus, você consegue ficar de pé!

– Óbvio, né? E qual o teu ponto comigo? Você pensou que eu fosse diabética, surda, muda, aleijada...

– Ahn, você está de óculos escuros.

Nota 1: meu respeito e reverência aos evangélicos. Eu zoei a postura, não a fé.

Nota 2: o fato de não haver nenhum deficiente ilustrando esses exemplos foi proposital: é preciso contextualizar a deficiência dentro do conceito elementar de humanidade, educação e respeito.

Nota 3: não, isso não é um manual... Ou é?

CAPÍTULO 11

E a conversa ontem foi nossa:

– Mas você já superou essa história de parto.

– Defina superou.

– Você não liga mais. Acabou. Você teve seus partos, seus filhos. Acabou.

– Não vai acabar nunca. Minha história de parto começou quando fui vítima de preconceito por estar grávida, devido à minha deficiência. Continuou quando tive uma cesárea sem anestesia e não pude reclamar perante a justiça. Continuou com o nascimento de Mariles e permeia tudo o que eu faço. Ninguém luta tanto para dar nascimento digno aos filhos e se conforma com o resultado imediato da empreitada.

– Mas se o parto é natural, pra que tanta grandiloquência?

– Porque o normal não é parto natural. É parto violento. Agressivo, corporativo, linha de produção. E a infância toda imita o padrão do parto: agressivo, induzido, corporativo, linha de produção. Se você começa a nadar contra a corrente para lutar por um bom nascimento para eles, não faz sentido fazer o caminho inverso depois.

– Então você ainda está em trabalho de parto.

– Processo de parto, talvez. Eles ainda não estão prontos. Eu ainda preciso me empoderar, ser ativa, lúcida, ver adiante e, muitas vezes, perder o controle para entrar junto com eles na onda, para chegarmos incólumes ao outro lado.

– Já passou pela sua cabeça que seria muito mais fácil se você simplesmente fizesse como todo mundo faz?

– Já, claro. Mas aí não seria eu. E não existe maior violência, maior traição, que desistir de quem se é. A maior herança que eu posso deixar para eles não são oportunidades materiais, embora sejam em si mesmas respeitáveis. Não são bens físicos, que eles certamente poderão conseguir por outros meios. A maior herança, o maior legado, é a lembrança e as marcas desses dias em que coincidimos sob o mesmo teto. A cada dia. A cada momento. Eles se lembrarão disso; sonharão com isso; avaliarão nossas escolhas; eviscerarão nossos erros; reinventarão nossas vitórias; rirão mil vezes nossas risadas; carregarão os ecos desses dias para sempre; passarão esse legado adiante para seus companheiros de jornada, para seus filhos, para os filhos de seus filhos. E tudo começou com os partos. De verdade, tudo apenas começou. Cada dia é um presente, e tudo que é concreto é sólido, é prático. E, no fim de tudo, talvez cheguemos à conclusão de que nada termina. Tudo se matriosca e se interseciona, se transfunde e se quintessencia de formas inimagináveis e imprevisíveis. O nascimento deles é o foco que me foca. É a trilha que ainda hoje eu sigo. É parte de quem sou e do que me sustenta e justifica. Porque, em cada um dos partos deles, eu parti também. E também cheguei, nasci. Cesariada, domiciliar e cesariada de novo. Olho no olho, dedo na ferida, mãos unidas, torvelinho e testemunho. Eu fui moldada nesses extremos, porque é assim que eu sou, é isso que tenho para oferecer e é assim que quero que me lembrem, e é o que puderem extrair disso que quero lhes oferecer. Abraçar a bandeira da não violência, da ternura, da cordura, não é mudar-se para um mundo idílico, utópico e idealizado; é introduzir de tal forma esses valores nas matrizes da violência que ela não faça mais sentido. Não seja mais aceita como alternativa para a consecução dos meios, sejam quais forem. E tudo isso é uma coisa só para mim. Minhas histórias de violência, os nascimentos dos meus filhos, o que isso fez comigo e a mãe que me torno a cada dia. Enfim, está longe, muito longe de acabar.

***

Quando era solteira, costumava me irritar muito com minha mãe. É óbvio que eu, no seu lugar, não erraria tanto. Sem dúvidas minhas decisões seriam mais sensatas, afinal, eu manteria a serenidade. Não conseguia entender como cometia tantos deslizes absurdos. Parecia desleixo. Parecia má-fé. As pessoas sempre diziam como ela deixava de fazer o que importava; como deixava escapar oportunidades importantes e pegava trens sem destino definido.

Então eu casei, tive minhas crias e, numa bela manhã, me lembrei de mamãe. De como eu me sentia tão superior a ela, ao ver suas péssimas escolhas. Eu me achava pressionada por todos os lados. Tudo dependia de mim e eu era responsável por fazer as coisas acontecerem. Era difícil manter tudo em perspectiva de forma serena, equânime e impecável. Minha arrogância de outrora nada mais era que retrato da minha ignorância. Eu tinha que decidir desde almoço até como agir para o dinheiro dar até o fim do mês; da arrumação da sala até como resolver o quarto conflito da manhã – sim, eu ainda estava contando; tinha que manter o marido em perspectiva, a casa em perspectiva, as crias em perspectiva, e sabia que, qualquer um que visse de fora, teria soluções muito mais brilhantes que as eu que tinha. Qualquer outra pessoa viveria a minha vida muito melhor que eu mesma. O ponto era que todas e cada uma das minhas responsabilidades eram absolutamente intransferíveis.

Então, calcei as sandálias da humildade e peguei o telefone.

– Mamãe? Como a senhora fazia para dar conta?

– Do quê, minha filha?

– De tudo...

– O que você está querendo dizer?

E eu disse. Sabia que, no fundo, estava regredindo à fase em que eu acreditava que ela, distraída e desatenta, tinha, contraditoriamente, o dom de resolver todos os meus problemas. Falei por coisa de cinco minutos. Ela não me interrompeu nenhuma vez.

– Mãe?

– Você cresceu... Que bom.

– Fala sério...

– A gente só cresce quando admite que não dá conta de tudo.

– Como a senhora fazia?

– Eu olhava pra você.

– Pra mim? – Indaguei, surpresa.

– Você confiava em mim. Você precisava de mim. Você esperava por mim. Você só tinha a mim. Você era minha filha.

– Só isso?

– Só. Outras pessoas devem olhar para outra coisa... Mas eu olhava para você.

Agradeci e desliguei. Estêvão desenhava na escrivaninha. Pensei em como aquilo poderia me ajudar a encontrar um foco, quando Mariles e Cristóvão entraram no que prometia ser o quinto desentendimento do dia.

– Isso não vai importar nada, dentro de cinco anos – disse, incoerente, enquanto forçava os dedos dele a se desenrolarem dos cabelos da minha filha. – Não vai importar nada, entendeu, nada.

Os dois pararam, confusos. Eu também.

Só então entendi o que me inundava: perdão. Não importava mais. Todas as pequenas-médias-grandes coisas pelas quais eu me chateara com minha mãe todas aquelas vezes, simplesmente não importavam mais. Certa ou errada, ela esteve lá. Ela tentou até o último minuto. Vesga ou coesa, ela estava olhando para mim, e, muito ou pouco, deu tudo o que tinha. Justamente o que eu estava fazendo, ali, no meio da sala, com fios dos cabelos da minha filha enrolados nos dedos, com duas crianças soluçando nas minhas pernas.

– Vamos tomar banho, todo mundo. – Disse, meio atordoada, totalmente fora do padrão das mães que apresentam trunfos educativos, nos desenhos infantis. Mas, sábia ou tola, incoerente e descabelada, eu estava lá, olhando para eles.

CAPÍTULO 11

*Mariles vai buscar a roupa
para o banho.*

Volta e atira a camisola na minha direção, morrendo de rir.

– O que foi?

Ela só ri.

– Cadê a calcinha?

Ela se esfrega em mim, ainda rindo. Abraço-a, apenas para encontrar suas mãos nas costas, fechadas em punhos... E vazias. Ela ri ainda mais. Então toco sua cabeça e descubro a calcinha ajustada ali, de alguma maneira.

– Achoooooooou! – Diz, quase desmontando no chão de rir.

Efetivamente ela cai, quase sem conseguir falar. Assim é Mariles. Depois Cristóvão volta gritando que é um dinossauro. Ele gira as peças de roupa, como hélices de um cata-vento. Roda até cair, depois levanta, dobra as peças cuidadosamente e me entrega:

– Cuidado, mamã! Pa não moiá.

Assim é Cristóvão. E é com essas coisinhas tão simples que a gente se encanta, se refaz e fica feliz por estar aqui, "nesse rico, exato e justo momento".

***

Uma vez, mandei um áudio da hora de dormir para Sarah

Marques e ela perguntou:

– Quantas crianças são mesmo?

– Três.

– Ah, eu pensei que fossem dez.

Queria dizer que estou pensando nessa passagem agora. Não passará! Sério, tão pegando tanto fogo que eu desisti. Fui fazer o jantar e atirei pro marido: "Me avise quando for a hora de recolher os corpos.". Se não pode com eles, nem quer se juntar a eles, a regra é clara: viva e deixe viver.

***

A gente fala dos absurdos, mas às vezes acontecem coisas fantásticas. Ontem acordei meia-noite e meia com o glaucoma me enlouquecendo de dor. Fui ao armário, o colírio estava fora da caixa com dois ou três colírios. Eu literalmente não tinha a quem recorrer. Lembro-me de um dia, mais ou menos nesse horário, em que eu pelejei com a Beta da Fonte, para ela ler um rótulo para mim. Então me lembrei do aplicativo Be My Eyes, do iPhone, que trabalha com voluntários que, por meio de uma conexão de vídeo, ajudam cegos. Pensei: quais as chances de eu encontrar um voluntário quase à uma da manhã? Nenhuma. Mesmo assim tentei, porque não tinha mais opção.

Qual não foi minha surpresa ao ser conectada, na primeira tentativa, a um rapaz que, em menos de 5 segundos, leu para mim o frasco! O ruim é que o aplicativo tem campo pra você reclamar, mas não para elogiar o atendimento. Queria que aquele rapaz soubesse que realmente fez a diferença naquele momento. Ah! E queria dizer que o aplicativo Tap Tap See desafiou minha paciência. Tirei foto do colírio e ele respondeu: "pequeno frasco branco, texto impresso em fundo vermelho e letras pretas". Realmente, quem precisa saber o que está escrito depois dessa?

Minha gratidão a todos os desenvolvedores e voluntários que têm a feliz proposta de transformar câmeras de celulares em olhos substitutos! Tá bom, mas sei que só vai melhorar.

***

Gente, eu sei que não é por mal, mas é muito irritante esse mimimi de "conhece a minha voz?". Meu ouvido não é banco de dados. E não é porque eu tenho crianças que sempre quero brincar de esconde-esconde. Da última vez no supermercado, foram quatro ocorrências. Da primeira vez, eu menti:

– Conhece a minha voz?

– Claro!

E o medão da pessoa perguntar de quem era? Mas ela foi puxando assunto e eu saquei rapidinho quem era. Da segunda, foi pior!

– Conhece a minha voz?

Eu tava com a consciência pesada de ter mentido da primeira vez.

– Não.

– Ah, bota a mão no meu rosto.

Nota pública: eu não tenho qualquer impulso ou necessidade de alisar rostos alheios no meio da rua. E fora da rua também.

– Não, obrigada.

Mas a criatura já tinha catado a minha mão e feito ela alisar. Puxei a mão delicadamente e disse:

– Tou apreçada, desculpa.

– Ah, eu sou...

– Ah, que legal! Tipo, tudo bem?

É, eu gostava da pessoa, mas estava me sentindo tão desconsertada pela intimidade forçada que pareci indiferente.

– Tá tudo bem, né?

– Tá sim...

E nos despedimos. Das outras duas vezes, eu nem parei.

–Conhece a minha voz?

– Desculpa! Não numa sexta de carnaval.

Ambos riram, e eu descobri que conhecia suas risadas tanto quanto suas vozes! A última pessoa comentou:

– Pois é, ela é cega e é tão simpática, tão auto astral!

Tão tá! Funciona assim: se você pergunta e a pessoa diz sim, é um tipo de alegria infantil. Se você pergunta e a criatura diz não, é aquele constrangimento pra continuar. Se vocês se conheceram numa situação social, o mais provável é que a pessoa não lembre. Se foi num contexto emocional, é o contrário. Você pode se identificar: "oi, sou fulano de tal lugar!", ou começar a falar. Muitas vezes, a gente lembra de cara. E não é legal pegar a nossa mão e sair colocando pra alisar. Nem é legal catar coisas da nossa mão sem pedir.

Outro dia, tava nos correios, passando endereço pra postagem. A palavra era incomum aqui. Ela pediu pra eu soletrar. No instante mínimo que eu levei para ajustar o rotor para soletrar, ela puxou o celular da minha mão, num típico "eu faço". A tela estava desligada.

– Mas não tem nada aqui.

– É. É que está configurado para eu mexer.

Aquele momento constrangedor da pessoa sacando que passou do ponto e eu sem pensar em nada pra amenizar.

– Tá calor, né?

Sei que soou idiota, mas a outra opção era algo como "vai devolver agora ou depois?". Estendi a mão e ela me passou. Eu sei que não é maldade, nos dois casos. Nós somos pessoas... ahn... inacreditáveis, sem modéstia nem zoação. No primeiro caso, acho que a pessoa acredita que temos super ouvidos e que ficamos tão felizes em exibi-los quanto eles em nos dar uma oportunidade de demonstrá-los. Na segunda, eu reparei que pessoas notadamente mais velhas têm uma mania de achar que ajudar é tirar as coisas da gente. A pessoa não pensa: já vai empurrando pro lado, tirando da mão, mexendo em tudo. Já tive gente que tirou da minha mão fruta que eu ia comer com casca, pra descascar pra mim. Sem eu pedir! E se a gente ousa reclamar, ainda somos ingratos! Sempre tem aquela senhora que leva a gente ao banheiro, abre a tampa do vaso e enfia uma bola de papel amassada na nossa mão – nesse ponto, eu seguro as roupas, protetivamente, porque, sim, algumas tentaram, felizes, dar o próximo passo. E quando a gente sai, abre a torneira da pia e enfiam nossa mão embaixo d'água.

Extremamente constrangedor e totalmente desnecessário. Admito, não com orgulho, que tenho duas reações à repetição do comportamento: tento não ligar, o que normalmente me deixa meio alheia, apática, sintoma clássico de quem se sente oprimido e não consegue reagir; ou tento orientar, o que, invariavelmente, nesse perfil, termina com a pessoa com raiva de mim.

Algumas pessoas perdoam nossa deficiência. Nossa diferença física. Nossas limitações. Mas o que elas não perdoam é nos mostrarmos criaturas conscientes, capazes de tomar decisões e, sobretudo, de dizer "não". Sei que há cegos que sentem muita peninha de si mesmos, para os quais tudo é muito difícil e penoso e que acham que o mundo lhes deva eterna mercê por serem eles privados do direito de verem a luz do dia... Mas ainda não encontrei uma pessoa com esse perfil que não tenha sido sufocada numa rede de superproteção, que não tenha tido sua voz silenciada, seu corpo limitado quilômetros além do estritamente necessário, de tal modo a, por fim, passar a crer na mentira que lhes contam, numa triste capitulação de si mesmos para salvaguardar as boas relações, posto que não pudessem obter de seu entorno respeito e dignidade.

Respeito e dignidade podem ser oferecidos nos menores gestos, oportunizando que encontremos uma maneira de lograr as coisas, quando não puderem ser nossos parceiros nessa aquisição diária.

Lembro-me de uma vez, numa academia. Eu devia pôr os dois pés retos sobre uma superfície, para empurrar. O treinador me orientou verbalmente umas três vezes "para cima", "mais para o lado", mas eu não consegui. Quando se aproximou, deduzi, resignada, que iria pegar meus pés nas mãos e alinhá-los. Qual foi minha grata surpresa ao ver que ele punha uma caneleira em linha reta, para que eu pudesse, assim, encontrar o posicionamento exato dos pés. É disso que se trata.

Naquele mínimo segundo, em que ele decidiu pôr a caneleira ao invés de fazer por mim, ele disse que acreditava que eu conseguiria; ele disse-me que eu era capaz. Ele confiou em mim. E eu correspondi.

Comparem isso ao exemplo da senhora que abre a torneira pelo cego e empurra suas mãos sob a água, e talvez entendam a diferença entre superproteção e auxílio efetivo; entre confiança e tutela; entre respeito e violência.

***

Frustração: você recebe um e-mail com um assunto que te interessa. O conteúdo é uma imagem. Você, cega, não pode ler. Então escreve para eles, pedindo que transcrevam o texto da imagem. Recebe um mail te direcionando para um link, onde poderá fazer sua reclamação. Você então passa duas vidas para preencher o formulário, porque o link que te passaram era essencialmente inacessível. Por fim consegue, e quase vibra quando recebe uma resposta, em dez minutos. Eles te sugerem instalar os leitores de tela que você já usa. Então você explica que já usa esses leitores, mas que eles não leem o arquivo em jpg. Eles então te sugerem imprimir a foto, scannear e extrair o texto da imagem.

Você conta até três e escreve: "segue a imagem em anexo. Por favor, apenas me diga o que está escrito!". A pessoa me retorna e pergunta se eu tenho o Prizmo instalado no meu iDevice. Eu perco a compostura e peço pro Estêvão, de 7 anos, ler a imagem, na tela do PC. Ele lê em 30 segundos. E por que eu não fiz isso desde cedo? Porque eu sou ativista dos direitos dos cegos. Porque inclusão digital é um direito que será apenas teoria se todo mundo que tiver um olho amigo se servir dele em primeiro lugar. Porque, quando eu estava lutando pelo meu direito de ter autonomia para ler um conteúdo que me interessava, eu estava em um processo de conscientização coletiva;

eu estava sendo agente da mudança que quero ver no mundo. Quando eu desisti e pedi ajuda ao Estêvão, resolvi apenas meu problema. Não semeei nada. Não construí nada; apenas fui pelo caminho mais fácil.

Agora escrevi uma carta legal e estou mandando para eles, para todos os oito endereços que obtive, no processo. Legendas nas imagens deve ser uma questão de netqueta, não favor. Acessibilidade é cidadania; não é caridade, nem preciosismo.

***

Tá tudo interligado. Eu tenho uma proposta interna muito séria de não violência. Essa proposta está revolucionando minha vida, meu casamento e, obviamente, minha maternação. Mas tudo rui quando eu ouço comentários sobre o estupro. Sacomé, é errado, mas tem mulher que pede. Foi estuprada? Mas também, tava pedindo, né? Isso pra mim é baixo. Quase mais baixo que o estupro em si. Nada justifica o estupro. Nada. E, não, não vou dizer que muita mulher é estuprada "não fazendo nada de errado", porque assim estaria dizendo que algo que ela fizesse justificaria. Ou tornaria estupro menos estupro. Não existem atenuantes.

Sendo bem rasteira: se a mulher estiver doidaça em cima de uma mesa, nuazinha, berrando que está disponível para qualquer um, daí outra criatura, homem ou mulher, chega e quer mandar ver e ela diz: pera aí, eu tava brincando! Ou: qualquer um, menos você! Pois é. Acabou a história.

Eu sei, esse pensamento é regado aos poucos. Regado sob a ilusão de que mulher bonita é mulher disponível; de que mulher se veste especificamente para abrir as pernas no final. Ah, mas tem mulher que... Cala a boca, isso não é da sua conta. Isso aí. Simples desse jeito. Se tem mulher que se veste para atrair sexo casual, ainda tem o direito de dizer com quem.

Mas aí, no final do ano, dentre outras músicas que marcaram época, a escola do meu filho pôs pras crianças dançarem a tal de biquíni de bolinha amarelinha, e o Estêvão, de 7 anos, veio perguntar se era adultização precoce / erotização infantil. E eu disse que era. E durante as férias, ele ficou cantando aquelas músicas na minha cabeça, a maioria inócuas... Mas sempre que entrava naquela, eu esclarecia, explicava.

Por quê? Porque a Ana Maria entrou na cabine e quis vestir um biquíni legal, mas era tão pequenino o biquíni que Ana Maria até sentiu-se mal? Não. Pelos comentários masculinos durante a música. Eles me enojam. Profundamente. Especialmente o "ai, ai, ai, a garota tá pra mim". Como assim?! O que isso significa? Tá pra ele? Em que isso implica? Ah, mas não pode admirar a beleza feminina? Pode... Mas com compostura. Isso aí. Sabe o "hay que luchar, pero sin perder la ternura"? Pois é. Pode admirar, mas sem engolir a compostura. Classe. "Ah, mas o jeito que ela se veste, tá pedindo...". Tá pedindo o que? Que você engula a compostura e aja como bandido? Mas homem é homem... Tem suas necessidades... Ser humano é ser humano. Tem suas necessidades. Nem por isso a gente faz cocô na rua. Pessoas educadas, civilizadas, conseguem se conter. Conseguem, por exemplo, ver uma menina de biquíni e se comportar com dignidade.

Quando Ana Maria tira o biquíni, não o faz porque não gostou da peça; faz por que sabia que receberia comentários imbecis como os enunciados na própria música e, entre a satisfação de usar uma roupa que ela queria e virar churrasco erótico ou vítima de violência emocional ou mesmo física, fez sua escolha.

Então, sim, eu acho que escola colocar criança para dançar e cantar uma música dessas é impróprio. Porque elas não sabem o que estão fazendo, mas estão tragando esses conceitos, essas ideologias que deveriam ser extintas da nossa sociedade, não multiplicadas ad infinitum. É a conivência com o mal, de pouco em pouco, o que perpetua a violência, o abuso, a discriminação do ser humano em si e da mulher em especial.

A gentileza, o respeito, aquilo que faz de nós pessoas melhores que o que realmente somos, está na atenção aos detalhes;

está em um olhar mais aprofundado e mais reflexivo sobre as coisas. Sobre todas as coisas. Quem sabe aquele cara que acha que mulher que não se preserva pede pra ser estuprada teve a primeira semente desse pensamento hediondo plantada por ouvir, quando criança, que a garota do biquíni de bolinha amarelinha pequenininho estava para todo o vocal masculino da canção? Isso é muito endêmico. Está muito no subconsciente das pessoas. São construções, alimentos culturais que as crianças tragam sem nem saber o que estão fazendo.

Mas nós, pais e professores, precisamos saber o que estamos fazendo. Precisamos ter a coragem de pensar, questionar, realmente ver e ouvir o mundo à nossa volta. Isso não é moralismo; nem caretismo. É responsabilidade social. Todas as mazelas sociais que nos afligem hoje, absolutamente todas, acontecem porque não nos sentimos responsáveis uns pelos outros. Porque não estamos realmente conscientes do momento presente. É preciso presentificar nossas escolhas. Comprometermo-nos com nossas bandeiras e realmente abraçá-las.

Eu sei que ninguém fez por mal; mas a desatenção tem gerado mais prejuízos que a própria maldade.

Este texto não possui objetivo de um ataque pessoal. Acho que vale a pena refletir sobre o que temos a mão e, muitas vezes, o ponto de partida são os nossos erros.

Palavra de quem erra. Muitíssimo.

***

– Mamãe, tê gosta de mim?
– Gosto.
– Então, bamo tê felizes para pempe?
E, na hora de dormir, repete:
– Mamãe, bô mimi cô tê. Bamo tê peli para pempe.
E todo mundo na piscina:
– Eba! Todo mundu bai tê peliz para pempe!
Sejamos, então, felizes para sempre, por tudo e por nada,

apesar dos pesares, sempre que possível, porque, na vida, o sofrer é garantido; felicidade que é escolha.

CAPÍTULO 12

*Por sugestões de amigos, bora
lá. Aviso aos navegantes: o texto
abaixo é totalmente irônico e pode
ser informativo... Ou não.*

Cego que é cego não desce escada, afinal, se o problema é no olho, nunca dá pra saber quando ele pode descer e afetar outras partes do corpo. Então, se não tiver elevador ou rampa, a gente não vai.

Cego que é cego sempre precisa de cadeira. Preferencialmente de rodas!

Cego que é cego etiqueta os filhos em braile, porque sem ver o rosto não dá pra distinguir, né?

Cego que é cego é muito sensível às suas palavras, então nunca, jamais, use o verbo "ver" na nossa frente. É falta de solidariedade! Boa sorte com os malabarismos verbais.

Cego que é cego também é um pouco surdo, então, não se esqueça de elevar um pouco a voz quando for falar com a gente. E fale bem devagarinho, ok?

Cego que é cego obrigatoriamente é mais lento de raciocínio, então fale bem devagarinho e use bastante diminutivos, para expressar sua simpatia conosco. Entendeu, amiguinho?

Cego que é cego não namora. A não ser com outros cegos.

Cego que namora outros cegos merece cuidado redobrado. Por favor, entenda que é um relacionamento totalmente fraternal e que, se daí advierem filhos, foi acidente!

Mas se você vir um cego casado com um normovisual, apiede-se muito... Do normovisual. Imagine, ser guia 24 horas por dia, sete dias por semana e ainda ter que ajudar a ir ao banheiro! E tudo isso sem receber! Abnegadas criaturas!

Cego que é cego não nega ajuda. Só implora silenciosamente.

Cego que é cego não sabe amarrar os próprios sapatos nem combinar as roupas. Maquiagem para as meninas, então... Nós apenas temos uma rede de cuidadores fantástica! Naturalmente não sabemos pentear os cabelos, tampouco tomar banho sozinhos. A depilação também é um quesito complicadíssimo, realizado apenas se e quando alguém o fizer por nós.

Cego que é cego só se barbeia se o barbeador for em braile. Também frequentemente não tem certeza se é noite ou dia. Por isso usamos aqueles relógios lindos, tipo Silvio Santos – só que não.

Cego que é cego não transa. Se transou, alguém abusou.

Também não cozinhamos... Ooops, exceto miojo, mas a gente vive errando, porque não rola colocar o dedo na panela pra ver se tá bom, depois que a água ferve.

Obviamente não podemos ir à praia também, porque, se o sol queimar, a gente tem dificuldade de perceber, e se entrarmos no mar, podemos nos perder e não saber para que lado é que fica a praia.

Também precisamos de ajuda para nos alimentar, especialmente se não pedirmos, e especialmente se for com os seus talheres.

Achamos muito legal quando alguém nos surpreende e grita "buuuu" no nosso ouvido, então, por favor, não percam a oportunidade de alegrar nossas vidas!

Como não ouvimos bem, não percam tempo falando conosco quando tivermos um acompanhante. Falem sempre de nós na terceira pessoa para nosso acompanhante, afinal, nossa cegueira é um fardo muito pesado para que possamos responder apropriadamente perguntas corriqueiras.

Em escolas, repartições, faculdades, precisamos de uma

pessoa destacada todo o tempo para nos ajudar a andar, porque obviamente somos incapazes de aprender a fazê-lo por nossa conta, afinal, não enxergamos o caminho.

Sabem para que serve a bengala? Para nossos guias nos puxarem por ela. Então, não se reprima!

Nós adoramos contar a triste história da nossa cegueira, então, por favor, continuem perguntando os detalhes mais íntimos possíveis nos locais mais inconvenientes e imagináveis. Nós ficamos muito felizes em contar todos os detalhes, a qualquer hora do dia ou da noite!

Nós só usamos o computador com um vidente do lado e teclado em braile.

Nós só usamos celular em braile, e quem disser o contrário não é cego!

Nós só sabemos tocar instrumentos porque tocamos de ouvido... Sacou?

Nós não assinamos. Então, não insista e dê logo o carimbo pra gente pôr o dedo... Ooops, o dedinho.

Não podemos comer: cachorro-quente, lanches em geral, sorvetes em particular... Afinal, necessariamente nos sujamos... E muito! Então, a menos que esteja disposto a servir na nossa boca, encontre algo mais adequado à nossa condição.

Por favor, nunca se esqueça de nos descrever tudo em que estivermos pondo as mãos. Menos em lojas de departamentos, é claro. Lá, todos sabem que não devemos tocar em nada. Devemos ficar parados, para que você ponha em nossas mãos apenas os itens que achar seguros ou inteligíveis à nossa condição, afinal o risco de destruirmos a loja inteira com a força do nosso braço é enorme, e você não pode ser culpado por isso, né?

Do contrário, sempre descreva: isto é um muro. Isto é um poste... Ooops, este é seu próprio braço.

Ficou com dúvida? O princípio para acertar sempre é: não sabemos fazer nada; não entendemos nada. Existimos para que todos se sintam bons e gentis ao nosso redor, então, nem precisa perguntar se a gente precisa... A gente precisa mesmo... E se dizemos que não, seguimos implorando silenciosamente.

~ Nota aos deficientes visuais: por receio pela minha vida, acabo de me mudar com marido e filhos para o Gabão. ~

CAPÍTULO 13

Na cama, Cristóvão deitou
nos meus pés.

– Vem aqui pra cima, que eu quero você inteiro, não só nos meus pés.

– Não vou.

– Vem, sim.

– Por quê?

– Você vai ter uma surpresa.

– Qual?

– Se eu contar, não é surpresa.

– Mas tem que dizer a tupleda, pa eu ver se querlo ir ou não.

– Então não venha e fique sem.

Ele veio. Eu o abracei e beijei.

– Ito não é tupleda. Tupleda é predente.

Nisso veio o Estêvão, recém-vindo do quarto, deitando ao meu lado, na cama.

– Olha aqui, o meu maior presente...

Abracei o Estêvão.

– Ito não é pledente.

– É sim. E dos mais importantes.

– Bet não é importante. Bet não é nada. Ele é tó uma petoa.

Ah, Deus... quanta coisa eu pensei naquele milissegundo.

Nos séculos e séculos de pessoas que acreditavam realmente que pessoas não eram importantes, e por isso as escravizaram e levaram ao holocausto. E por isso crianças, homens e mulheres vivem ao abandono de tudo... E daí as violências de toda ordem, as óbvias e as sutis; as de muitos nomes e as tão duras que ainda estão por nomear.

Um menininho de 8 anos nos meus braços. Um de 4 aos meus pés... E o que poderia eu dizer para eles que fosse significativo, que levasse, não à imposição, mas ao despertamento?

Fiquei congelada na posição, absolutamente consciente do universo ao meu redor, sentindo a ternura e a noção do compromisso substituindo o sangue nas minhas veias.

– Bet é mais importante que todas as estrelas do céu. – disse – Porque todas as estrelas do céu existem por causa dele.

– Por causa dele? – perguntou Mariles, da porta.

– E por sua causa. E por minha causa. Mas no Universo não existe uma única criação em louvor às coisas. Nenhuma coisa que tenha sido inventada foi digna de uma única estrelinha. Nenhum monumento mereceu uma árvore em sua honra. As pessoas, o carinho das pessoas, o carinho para as pessoas, é tudo que importa.

Estêvão duvida.

– Tenha você a melhor professora do mundo, dos maiores conhecimentos, que seja cruel com seus colegas e desrespeitosa com o pessoal da escola, e ela não vai conservar o emprego. É assim em todos os lugares.

– Mamãe, a senhora tá sabendo que o mundo é materialista? Já te contaram isso?

– Já, claro. Você vai viver no mundo, Estêvão, e vai ver cada vez mais como as coisas são. Mas, como mãe, meu dever não é só te ajudar a andar no mundo, mas sobretudo te ensinar como as coisas deverão ser.

Cristóvão continuou, alheio a tudo isso, arengando que queria presentes de verdade, brinquedos, e a coisa toda virou brincadeira. Também, ele tem só 4 anos... Mas acho que dei o que pensar para Estêvão e Mariles. Quero pensar que sim.

***

Há quem pense que a realidade da mulher cega é idêntica a do deficiente visual, em geral. Não é. Todas as diferenças de gênero que afetam as mulheres afetam-nos de forma acentuada. A insegurança, a infantilização, a violência... a tudo estamos expostas de modo ainda mais intenso que nossas irmãs normovisuais.

Até o momento em que escrevo este texto, não tenho conhecimento de estudos sociológicos e estatísticos sobre mulheres deficientes, menos ainda sobre mulheres cegas.

Como superproteção desprotege, muitas de nós somos vítimas de assédio e abuso sexual, sem o conhecimento das autoridades. Nossas oportunidades de acesso à educação e saúde são restritas. Mais mulheres que homens cegos vivem em esquema de "cárcere privado socialmente aceitável", afinal, é socialmente aceitável que meninas cegas não saiam muito de casa. Do fato de ser aceitável, entretanto, não decorre que daí recolhamos qualquer benefício.

Muitas de nós somos verdadeiras "Flores do Claustro": passamos de tutela em tutela, sem jamais desenvolver nossos potenciais; sem jamais conhecer o som da própria voz.

Ditas "independentes", fazemos "de tudo" dentro de nossas casas, enquanto crescemos como verdadeiras analfabetas sociais, precisando sempre estar no mundo sob os braços protetores e limitadores de um tutor. Se mulheres sem deficiência precisam se conscientizar para fugir à pecha de "donzela em apuros", imaginem como é para nós, mulheres cegas! Por favor, façam isso. Da tutela dos pais, passamos para a dos maridos e, depois, acreditem, para a dos filhos. Nossos filhos ouvem, desde a mais tenra idade, que têm o dever de nos ajudar, raramente que têm a oportunidade de nos fazer crescer.

Ao oferecermos qualquer dificuldade, sempre ouvimos um "eu faço pra você", dificilmente um "eu faço contigo" ou "eu te ensino a fazer". Não existe um estudo formal sobre isso, mas creio que mulheres cegas tenham mais deficiências instaladas, frutos da superproteção e abandono, do que homens.

Mães? Não se sabe quantas de nós o são, mas se sabe que muitas não têm a oportunidade de cuidar de seus filhos, porque recebem uma lavagem cerebral que as torna incapazes de cuidar de seus filhos. Se uma mulher puérpera sofre desrespeito, cegas sofrem ainda mais. Tenho certeza de que tiram mais bebês dos nossos braços que dos braços de normovisuais. E muitas cedem. Muitas acreditam que não podemos.

Tudo isso é cruel, mesmo que eivado das melhores intenções do mundo. E é cruel porque é mentira.

As que saem do esperado são adoradas ou detestadas. Oscilamos entre guerreiras e revoltadas, mas raramente somos vistas como os seres humanos reais que somos, de fato.

Esmagadora porcentagem de nós não recebe qualquer educação sexual. Somos "assexuadas" desde a mais tenra infância, para nosso próprio bem, em teoria; e, por sermos "assexuadas", muitas de nós não sabem se posicionar diante de um interesse genuíno ou de um assédio. Quando grávidas, muitos perguntam a quem daremos nossos filhos, ou quem nos estuprou. É que está no senso comum que mulheres cegas não podem ter vida sexual ativa; não podem engravidar por livre escolha e não podem ser amadas e desejadas por quem são.

As que saem dessa linha de produção chocam. E, ao chocar, pagam o preço. Andamos pro aí com nossos saltos, nossos sobressaltos, nossas bengalas, nossos filhos, nossas escolhas. Impressionam-se porque somos meramente bonitas; assustam-se porque somos, em tese, corajosas. Acho que, ao nos verem, questionam sobre o quanto têm menosprezado os próprios potenciais.

Com efeito, atualmente acredito que a maior parte das pessoas se limita loucamente, cegos ou não. E, ao se aprisionarem, acabam querendo, com maior razão, aprisionar os que lhes pareçam inferiores.

Nunca vou me esquecer da cena. Uma mãe com sua filhinha vieram aqui em casa. Como partilhávamos de relativa intimidade e eu tinha de dar banho num bebê – não lembro qual

–, convidei-a para que conversássemos enquanto eu fazia o que tinha de fazer.

A filha dela, pequenininha, à época, ficou impressionada ao me ver dar banho em uma criança tão pequena, e disse:

– Mamãe, será que algum dia eu vou conseguir fazer isso?

E ela respondeu, sem pressa:

– Claro. Se até ela consegue...

Como ia lhe dizer que aquilo, para mim, sequer chegava a ser um desafio? Que ela decidiu que eu era incapaz de fazer, sem qualquer conhecimento de uma limitação real da minha parte?

Outro dia, uma conhecida me pediu para escrever um texto e arrematou: eu sei que será um grande desafio para você.

Fiquei sem palavras. Para mim? Por quê? Só por que eu não enxergo? E o que isso diz a meu respeito? E em que isso me limita? Por que isso faria de mim menos criativa, menos capaz de unir uma palavra à outra? Sob qual lógica? Sob qual conceito, dar banho em um bebê e escrever um simples texto deveriam ser fruto de enorme superação para mim?

Que nós continuemos a chocar, mesmo que nos sintamos ofendidas, de vez em quando. E que semeemos a perplexidade; e, a partir dela, a revisão de paradigmas. Mulheres cegas casam com quem querem, e descasam, se quiserem. E elas fazem sexo. E têm filhos! E, melhor ainda, podem ser mães deles. De verdade, sem onerar seus tutores de outrora com uma carga dupla, ou tripla, ou quádrupla, ou doutrinar os filhos para que as sirvam e se apiedem delas.

A mulher cega não precisa de heróis que se sacrifiquem por ela; precisa de uma rede de apoio eficaz e respeitosa, como, aliás, todo e qualquer ser humano, mulher ou não, deficiente ou não. Humanizar é preciso! Respeitar é preciso! Pensar é preciso! "Hay que luchar, pero sin perder la ternura", "mas há os que lutam toda a vida. Esses são os imprescindíveis". Que nós, deficientes, tenhamos a coragem de migrar do patamar de eternos tutelados para o de "imprescindíveis".

***

Daí você vê uma criança aprontando todas e, dentro de pouco tempo, os vereditos começam. A criança tem uma educação permissiva; lá, a mãe ajuda, mas o pai... Ou o pai ajuda, enquanto a mãe... De qualquer modo, a culpa está em alguém, inclusive na criança que é... [adjetivo negativo aleatório].

E depois o momento superior básico: "porque meus filhos nunca foram assim"; "porque no meu tempo não era assim". E ainda há quem diga que criança é que dá trabalho.

Explicando: de um jeito mais ou menos ortodoxo, os pais educam seus filhos. Sim, eles fazem isso. O ponto é que crianças não são computadores. Cada uma aprende de um jeito, no seu ritmo, e do fato de ela não ter aprendido ainda não decorre que ninguém esteja ensinando. E se seus filhos nunca foram assim, uma dica: crianças não são iguais. Talvez, se o seu filho fosse a criança de quem falam, você é que se veria constrangida a ouvir que os filhos dos outros nunca foram tão supostamente maleducados como os seus.

A dinâmica de uma casa é complexa. Normalmente, quando você faz vereditos fechados, só consegue ser leviano. O casal pode ter acordos que você ignora; o casal pode ter motivos que você ignora. Então, para tudo, como também para esses casos, vale aquela máxima: "ajuda no que puder ou quiser, abençoa e passa". Julgamentos falam mais de você que do outro, e sempre vale lembrar: se você não puder ajudar, note que críticas aleatórias apenas atrapalham.

De mais a mais, a vida gira. Vai saber se, pelas suas costas, não te fazem críticas mais ácidas que as que você faz aos outros? Vai saber se, em um breve futuro, você é que estará constrangido a ouvir que os filhos dos outros nunca foram tão ruins quanto os seus? Na maternidade, todos temos telhados de vidro. Vale mais respeitar os telhados umas das outras que atirar pedras aleatoriamente. Pode ser que, um dia, a pedra que jogarmos no outro ricocheteie em nós mesmos.

A humildade é mais que um exercício a bem dos outros; é uma medida de inteligência em benefício próprio. Se crianças malcomportadas são culpa dos pais, e crianças bem-comportadas são mérito deles, como fica quando os mesmos pais possuem uma criança dita malcomportada e outra bem-comportada? Ou os pais não são tão bons assim, ou não tão maus assim, dependendo da boa-vontade de quem dá o veredito.

Muito incerto esse método de avaliação não requisitado.

****

– Eu não gosto que digam que eu fiz uma coisa que eu não fiz! Vocês dizem que eu dei um soco no meu irmão, mas é mentila! Eu empurrei ele, dei três tapas nele, puxei o cabelo dele, mas não dei soco nenhum!

– E chute?

– Chute também não.

– Ah, isso muda tudo.

– Muda?

– Eu ouvi barulho de soco. Ele deu um soco em você?

– Eu não dei soco nela. Eu só belisquei e gritei com ela, e puxei o cabelo.

– Então, quem deu o soco?

– Eu dei o soco! Mas eu dei o soco no meu corpo!

– Mas por quê?

– Porque eu já ia dar um soco, aí ele correu, então eu bati no meu corpo pra não ter que jogar fora a minha blaveza.

– Certo. Agora, vamos fazer as pazes?

– Não! Eu quelo dar o soco nele!

– Tudo bem, desde que você me diga porque quer dar um soco nele.

– É puque... puque...

– Por quê?...

– Eu esqueci.

– Sua raiva foi embora?

– Foi.

– Tá vendo? Um jeito da raiva ir embora é a gente usar a garganta, não a mão para bater.

– Com a mão também sai!

– Sai. Mas com a voz também.

E, sim, já voltaram a brincar... Até segunda ordem.

CAPÍTULO 14

*Se você quer ajudar alguém, mas
quer obrigá-lo a fazer as coisas do seu
jeito, pode ser que não seja ajuda.*

Não parece simples, porque não é mesmo. Mas se você conseguir ouvir, apenas e verdadeiramente ouvir, já ajuda. E ouvir, verdadeiramente ouvir, parece complicado, mas, na verdade, é simples, bem simples: trata-se de calar a nossa voz, externa e internamente, para que o outro consiga falar.

E a grande dificuldade disso é que, salvo exceções, achamos que o mundo precisa muito da nossa opinião, e ai do outro que ousar continuar tendo suas próprias ideias depois que nós, sábios, instruídos e caridosos, damos ao outro a oportunidade de ouvir nosso posicionamento.

Então ficamos embirrados e não "brincamos mais", porque, obviamente, nós estamos certos, mesmo que tenhamos, na verdade, mantido um colóquio empolgado e elaborado com nós mesmos, ninguém mais. Porque, quando a gente não ouve o outro, o outro também não nos escuta. E seguimos cada qual com a sua solidão e decepção sobre o gênero humano. Não é ajuda se o outro não pode dizer não, e também não é ajuda se você sequer conseguiu ouvir de que o outro precisa.

***

Ele entra e fica me olhando. Eu sinto seu olhar com uma intensidade indescritível. Depois senta no meu colo. Joga os braços em volta do meu pescoço e aspira meu perfume. Então começa a chorar, afundando o rosto em mim. Eu deveria perguntar, mas não consigo. Só aperto mais nosso abraço. Então sou totalmente consciente de tudo. Dos sons, dos cheiros, dos medos dele, informes até mesmo para ele, de mim ali, perdida no meio daquele medo todo. O cheiro do cabelo dele sem xampu não mudou muito desde o nascimento, e, embora seu peso e volume se tenham modificado, de alguma maneira, tudo permanece o mesmo. Ele ainda chora. Eu ainda abraço. Não digo nada, porque não precisa. Sei exatamente o que ele pensa e ele sabe exatamente o que eu respondo. Ao me abraçar, ele diz:

– Mamãe, mamãe, mamãe...

E ao corresponder, em silêncio, respondo:

– Estou aqui, estou aqui, estou aqui...

Então ele levanta e sai, esfregando o nariz com a mão. Eu espero ele se afastar, antes de me mexer. Passam-se dias e, do nada, ele diz ao irmão:

– Totó, sabe quando que a gente sabe que ama alguém? Quando a gente consegue conversar só com um abraço.

– Só com o blato?

– Só com um abraço.

– Mas blato não tala!

– Mas abraço fala. O abraço da mamãe fala comigo.

Totó não respondeu, mas percebi que eu não era a louca que imaginava coisas. Aquilo fora real e intenso para os dois.

***

Sempre fui sintonizada com essa questão midiática, de observar o tipo de informações e comportamento que os pequenos estariam absorvendo por meio das mídias de entretenimento que utilizavam. Sempre observava muito a qualidade do material consumido, do mesmo modo que selecionava cuidadosamente as roupas e os alimentos para o corpo físico deles. Mas os últimos meses têm sido especialmente áridos, desafiadores e exigentes, de modo que eu deixei a coisa mais livre que nunca. E os efeitos não demoraram a surgir. Da mesma forma, eu também, num esquema de compensação mal gerenciada, comecei a usar telas mais do que nunca, de modo que nossa convivência em comum resumia-se a coexistir enquanto cada qual usava a tela de sua escolha. Então nossas afinidades foram diminuindo.

Eu tinha muito que falar sobre coisas há centenas de quilômetros de mim, além da aflição pelos problemas reais; Mariles sabia tudo sobre brinquedos que ela jamais terá; Estêvão era capaz de palestrar longamente sobre um universo irreal e o Cris ficava meio solto no meio disso, enquanto marido tentava, em vão, ter algum poder de atração sobre tanto escapismo dourado, brilhante e anestesiante. Estamos, como família, fazendo o caminho de volta. Estamos nos reconectando, refazendo as contas e, sobretudo, redescobrindo a glória de coincidirmos no mesmo roteiro de experiências terrenas. E tem sido emocionante. Ficar de noite ensinando Mariles a fazer bijuteria, enquanto esposo e Estêvão estudam finais de partidas de xadrez e Cris brinca de bloquinhos ao nosso lado é incrível.

Os problemas que nos afligiam seguem intactos. Mas estou mais em paz. Quando veio o furacão, em lugar de nos unirmos para resistir, fomos cada qual procurar um lugar seguro, esquecidos de que não existe melhor abrigo que o afeto dos que nos amam. Tenho consciência de que fui eu quem iniciou esse distanciamento, e fico feliz de estar iniciando o retorno.

Sobre essa questão de tela, virtualização, aceleração do pensamento, inércia, escapismo, muito foi dito e muito mais ainda será descoberto, pesquisado e revisto nas próximas décadas. Por minha vez, acredito que sejam ferramentas abençoadas, poderosas, essencialmente dignas e positivas, com uma capacidade fantástica de potencializar afetos, reformular paradigmas. Mas, como em todas outras coisas eminentemente positivas, o excesso conduz ao alheamento, à irritabilidade e ao amortecimento das melhores partes de nós mesmos.

Por fim, nenhum afeto, por pleno, transcendente e forte que seja, prescinde da atenção que apenas uma convivência qualitativa pode oferecer. É preciso atenção aos detalhes e corações jardineiros para preservar os nossos tesouros, e isso é exigente. É muito cômodo eleger demônios externos para transferir os efeitos das causas que estão em nós. O excesso de tela veio porque eu estava esgotada e infeliz demais para continuar a tocar o barco com o mesmo nível de ternura e cuidado de sempre. Eu poderia ter pedido ajuda, mas meu orgulho optou pelo caminho mais fácil, e meus filhos seguiram o exemplo. Sempre convivemos bem com a tecnologia; o que causou os problemas dos últimos meses não foi sua existência, mas o modo como lidamos com ela.

Fica o testemunho e a reflexão.

***

Das reportagens sobre cegos, uma que começa com "eu vejo, você vê, ela não vê", é pra gente sentar e chorar. Ou rir, dependendo da disposição. Depois o outro clichê: "ela não enxerga com os olhos, mas vê com a alma". Ao tempo que destaca em negrito todas as limitações reais ou imaginárias pra poder ter ponto de elogiar.

Lidi não é demais porque é cega; ela é demais porque é demais. Ela não é demais porque, sendo cega, faz jornalismo. Ela é demais porque é autêntica. Corajosa. Inteligente. Agregadora. Ela é demais porque é um ser humano fantástico. A cegueira dela é só um plus, um detalhe.

Meu sonho: uma reportagem sobre cego na qual a cegueira seja uma nota de rodapé. Que escreva-se sobre o ser humano em questão e, ao final, a deficiência dele. Porque quando se começa pela cegueira, ou se cai na diminuição sistemática, ou no endeusamento mentecapto. Ou, no caso da reportagem da Lidi, nos dois: diminui para endeusar, e endeusa para diminuir. E depois nós é que somos cegos.

CAPÍTULO 17

A gente não vê o tempo passar,
porque ele é discreto: passa apenas
quando não tem ninguém olhando.

Do contrário, rasteja, engatinha, praticamente sem sair do lugar. Quando paramos de olhar, porém, é que acontece a magia... E o susto!

"Dona Laura", música de Miguel Araújo, fala bem disso: mãe e filha sob o prisma da passagem do tempo. A Laurinha não sabe, mas um dia será tão Dona Laura quanto a mãe e, até, mais Dona Laura do que ela. Alguns supõem nisso um determinismo frio. A mim encanta! Mágica!

Nilson Chaves, na sua canção "Tempo e destino", fala também sobre esse aspecto: o que acontece se o tempo não passar? Na semana passada, eu vi que ele passou. Imperceptivelmente, como sempre. Eu estava num chão de terras e pedras, ensaiando a difícil arte de levar uma criança no colo, outra pela mão, a bengala na outra mão e não perder o terceiro de vista... Ou de ouvidos! Estávamos na fila da roda gigante. E então eu vi que, num dia, a criança era eu. Quem estava perto? Minha mãe? Meu pai? Meus padrinhos? Não sei com certeza. Devem ter havido meia dúzia de noites como aquela, num chão de terras e pedras, uma fila para ir a uma roda gigante. Tudo era igual, mas tudo era diferente. Numa eu era a Laurinha; na outra, a Dona Laura.

Do nordeste ao sudeste, a vida percorria sua volta, cumpria suas exigências. Bengalas ou sacolas, meninos ou meninas, nordeste ou sudeste... Será que realmente importa? E quando a vida fica tão exigente que nem dá tempo de escrever, nem de contemplar a passagem do tempo, o jeito é ouvir "Dona Laura" para não permitir que os desafios nos roubem a consciência do presente. Afinal, sem a consciência do tempo presente, que utilidade têm os desafios?

Ali, na fila para levar meus filhos à roda gigante, eu reverenciava meus ancestrais. Talvez, num sentido mais aprofundado, eles tenham me levado à roda gigante para que eu pudesse proporcionar essa oportunidade aos meus filhos. Talvez as perguntas que façamos não possam ser respondidas por nós, mas por nossos descendentes. Se eu perguntasse aos meus cuidadores por que me levavam à roda gigante, a resposta certamente não seria essa. Mas se eles não tivessem me levado, então talvez eu não cresse ser relevante ter essa vivência com meus filhos.

Estamos perto demais da vida para compreender verdadeiramente as coisas. Por isso certa humildade e certo cuidado fazem-se tão necessários. Na verdade, não sabemos, e nisso pode haver certo conforto, especialmente em tempos difíceis. Não sabemos, mas existem boas razões. Tudo pode ser aproveitado, transubstanciado, ressignificado. Todas as coisas boas podem ter continuidade, independendo do tempo e do lugar. Eu era a criança que voltava à roda gigante depois de tantos anos, mas também era a mãe levando suas próprias crianças pela mão.

E talvez, só talvez, alguém estivesse vendo aquilo de um plano mais elevado e felicitando-se pelo curso da vida e pela continuidade do tempo apesar do tempo.

***

Declaro a quem interessar possa: sou "menas"[8] mãe. Muito "menas" mãe. Mães são como rosas – tou ferrada! Detesto rosas, em geral, e a cor rosa, em particular. Mães são anjos na terra – então meus filhos não têm mãe. Mães são puras – é mais informação que o que vocês precisam de mim para viver, mas, ah, talvez eu não seja mãe, então.

Depois aquela apologia à violência que eu adoro – só que não –, aquela mensagem que circula todo ano: "minha mãe me ensinou a valorizar o sorriso... 'cala a boca senão te quebro os dentes'" e congêneres, e, no final, dizendo que não virou bandido, marginal, porque a mãe disse essas e outras pérolas... E fez.

Vejam bem, respeito imensamente os recursos das mães da antiga geração. Sim, respeito. Muito. E, se começasse a agradecer à minha mãe, não pararia hoje, nem amanhã, e certamente encheria, com minhas lágrimas, os reservatórios de São Paulo e região. Mas não agradeço pela violência. E, definitivamente, tudo que sou hoje de bom, se não estou num presídio ou num hospício, não foi porque minha mãe surtou comigo, algumas vezes... Foi por tudo que ela fez quando não estava me xingando nem me batendo. E, confiem em mim, foi muuiiiii-taaaa coisa!

Legal dia das mães. Legal as mensagens. Legal as flores... Mas acho que muitas reflexões cabem. Basta dessa mãe idealizada, meiga, pura, angélica e que adora rosas. Isso só gera culpa, da pior espécie, quando não máscaras que não resolvem a vida de ninguém. E vamos reciclar essa ideia de que somos gente porque apanhamos, eventual ou frequentemente. Respeitar o passado, reverenciar nossas origens, não tem nada a ver com perpetuar hábitos de antanho, frente aos recursos que temos hoje em dia. Eu amo minha mãe. Louca, intensamente. Daria minha vida por ela dez milhões de vezes. E, pra isso, não preciso idealizá-la. Não preciso chancelar nada que o bom senso de agora rejeite. Amo minha mãe porque ela é minha mãe. Porque ela me bancou. Porque ela me aceitou. Porque ela esteve ao meu lado quando todos os mais faltaram. Porque ela é uma mulher autêntica.

Assim, meu honesto e caloroso feliz dia das mães para as mães de verdade. As que não são diabas nem santas; as que não são perfeitas nem puras. Para todas que são mulheres, inteiras, desesperadas, descabeladas, que erram, que acertam, que resignificam. A todas as mães que questionam suas raízes, não para desprezá-las, mas para torná-las mais profundas. Meu feliz dia das mães, sobretudo, para todas nós, mulheres, que temos a coragem de avaliar os recursos violentos de outrora, não para perpetuá-los ou julgar os demais, mas para escrever uma nova história. Minha mãe não precisa ser rosa, anja, pura nem santa para merecer meu amor, minha mais intensa reverência. E espero merecer que meus filhos tenham a mesma clareza: que não precisem, em suas mentes, mentir sobre mim para conservar intacto seus sentimentos filiais a meu respeito.

Estêvão, Mariles, Cristóvão: não sou rosa, não sou estrela, não sou pura, não sou santa. Sou intensa, inteira, louca, descompensada, descabelada, autêntica... Igualzinha a sua avó. E a sua bisavó. E que, no futuro, ao olhar para trás, vocês não associem tudo que construímos juntos aos momentos em que surtei com vocês. Porque o mais importante terá sido todo o resto. Que vocês me vejam como eu os vejo agora: como seres integrais, complexos, intensos, reais... Alijados das idealizações de papel, que não resistem aos vendavais da realidade dos dias comuns.

Fica meu abraço, meu respeito; dessa mãe totalmente "menas", mas totalmente de vocês!

***

– Mamãe, brinca comigo?
– Não.
– Por quê?
– Eu não tou com vontade.
– E daí?
– E daí que brincar é gosto, não obrigação da mãe.
– É obrigação sim.
– Mas por quê?
– Brincadeira também educa.
– Ler livro também educa. Vai ler um livro.

– Não.

– E por que não?

– Porque eu não quero.

– Tá aí, você entende meu lado.

– Mamãe, a senhora tem que brincar comigo. Eu estou pedindo.

– Estêvão, não. Eu não quero brincar. Desculpe.

– E eu não quero ler um livro! Entendeu? Eu não quero ler um livro!

– Entendi.

– E aí?

– Problema seu. Encontre algo pra fazer.

– Isso é maldade!

– É literal. O problema é seu, não meu. Encontre algo legal pra fazer.

– Injusta! Malvada!

– Estêvão?

– O que é?

– Você poderia me xingar mais baixo?

– Por quê?

– Tá me irritando.

Tá. Não violência não é dizer "sim" sempre, nem se sentir escravizada. É sempre bom destacar para evitar confusões.

***

Hoje, não sei por que, dei de perguntar pra Mariles, enquanto tentava conseguir uma ligação no celular:

– O que a mamãe está fazendo?

Na verdade, fiz isso porque ela estava falando enquanto eu discava, e queria fazê-la entender que não estava lhe dando atenção por conta disso, mas que logo lhe daria atenção de novo.

– Usando o celular. – Disse, com um tom triste.

– E por que você acha que eu estou usando o celular

agora?

- Porque o celular é mais interessante que as crianças. Elas sabem muito menos que os celulares. São bem menos interessantes.

~ Ai, meu Deus, o que eu tenho passado pra ela? ~

Como o dia tava chatão, lá fomos para o clube. Ao contrário de outros dias, enquanto Cris interagia, Mariles não saía de perto de mim. Enquanto não entrei na piscina, ela não entrou; e quando entrei, ela queria que eu ouvisse cada um dos seus truques dentro d'água, que a ensinasse a boiar, que a arrastasse, que servisse de cavalo para ela, que deixasse ela me arrastar pela água segurando nas mãos, nos pés e nos cabelos. E ria, ria... E ríamos nós.

No fim, quando nos vestíamos, ela pergunta:

– Mamãe, a senhora tá feliz?

– Sim, claro!

Ela dá um suspiro e diz, quase pra si mesma:

– Ufff, eu consegui!

***

Íamos tomar sorvete nessa semana. Cris derrubou sua maletinha minúscula de plástico, cheia de cartinhas colecionáveis. Começou a chorar, enquanto os irmãos corriam para ajudá-lo a juntar a papelada. Mariles interveio, grave:

– Totó, você não pode chorar na rua, senão as pessoas ficam bravas com a mamãe. Ficam pensando que ela não devia andar com nóis.

Eu senti que fiquei branca, mas não tinha terminado ainda. Prontamente, Estêvão atalhou:

– É verdade, Totó, não pode. Você não pode chorar na rua, senão eles pensam que a mamãe não está cuidando bem da gente.

Não consegui voltar ao assunto até hoje. Não sei por onde começar a desemaranhar essas percepções.

Acreditem, eu não sei muita coisa e, na maior parte do tempo, não faço a menor ideia do que estou fazendo. Só amo cada instante, mesmo quando é ruim, porque é um privilégio tê-los e ser consciente disso, e tento não obstruir o fluxo próprio do seu aprendizado e sabedoria...

***

A luta pela não violência é igualzinha à do tratamento contra alcoolismo e afins: só por hoje... Só por hoje eu não vou te bater. Só por hoje não vou levar pro lado pessoal, mesmo que você me diga as coisas mais horríveis. Só por hoje não vou revidar com a mesma moeda; só por hoje não vou te ameaçar; só por hoje vou investir na paz, para que você perceba que esse caminho é viável e mais florido. Só por hoje eu vou falar baixinho quando você gritar, e continuar falando baixinho, até você mudar o tom da sua voz; só por hoje não vou esquecer que você é uma criança, e eu o adulto da relação, e vou desenhar suas reações para você mesmo: isso que você sente é raiva. Tudo bem ter raiva, mas não precisa ser desse jeito. Só por hoje, porque, se disserem que será por dois dias, eu desisto; se disserem que será por anos, eu fujo. Fujo e volto aos velhos paradigmas, não porque acredite neles, mas porque a eles fui condicionada.

Por isso, não se iludam: eu me reeduco enquanto os educo. E por isso, não por sua causa, é que às vezes é tão difícil. Mas, no final do dia, vejo que compensa. Vejo que, ao ajudá-los a ser as melhores pessoas que podem ser, eu fico mais perto de ser a pessoa que sempre sonhei me tornar. E isso é bom. É como subir uma montanha íngreme todos os dias e admirar-se com a paisagem lá de cima. Aqui de cima, de cada dia, vejo minha vida inteira. Vejo minhas escolhas, nossa linha, nosso linho, nossa história de amor. Vejo-me no tear da vida, tecendo nosso lar, nossa estrutura, nossa força, nosso roteiro. Tento me redimir de mim mesma, enquanto repito o estribilho: "só por hoje".

***

Quando meus bebês eram pequenos e eu saía só com eles, sempre ouvia horrores. Alguns falavam pelas costas, mas garantindo que eu pudesse ouvir; outros me abordavam na cara dura. Não sei se era a bengala; não sei se era o sling; não sei se era a ousadia de reivindicar meu direito a circular livremente com meus filhos, mesmo sendo cega, mas eu sempre ouvi. Às vezes pensava em nunca mais sair de casa sozinha... Mas com acompanhantes era pior: as abordagens me machucavam mais, porque sempre partiam do pressuposto de que eu não era a mãe. Um dia, alguém disse para a acompanhante, ao me ver com minha filha no colo:

– Nossa, você é muito corajosa por deixar seu filho com uma pessoa desse jeito. Então eu acabava sempre voltando a sair sozinha com os pequenos. Um, ou os dois, ou os três, porque pior que ouvir que eu era louca ou afins, era ouvir que não era a mãe deles. Sim, eu me importava com isso.

Hoje é razoavelmente comum eu ser vista com os três, eu de bengala, levando um deles pela mão e os outros dois logo atrás. Com o tempo, as pessoas pararam de implicar... E passaram a elogiar!

– Olha que coisa mais linda!

– Nossa, seus filhos são lindos!

– Nossa, eu te admiro.

– Como vocês são unidos!

E eu posso quase jurar que as pessoas são as mesmas! Conclusão? Mil possíveis. Mais divertido que viver, é aprender com as vivências.

***

Nessas noites em que nos encontramos os quatro na cama de casal, comigo no meio, os dois maiores de cada lado, o menor sobre mim, braços e pernas abertos, o rosto a centímetros do meu, fazendo de seu corpinho uma estrela... Nesses momentos, independendo da posição física, minha alma fica genuflexa. É impossível descrever o sentimento de resignificação e plenitude. E quando eventualmente estão todos dormindo no mesmo quarto, inclusive marido, às vezes acontece de eu entrar e quase perder o fôlego: tudo que me justifica nesse mundo está contido ali, num único lugar. A realidade desse fato assusta, constrange, eleva. Não é fácil. Ninguém disse que seria fácil. Mas as palavras são incapazes de definir tanto amor assim, de graça, estrelando minhas noites, arborizando meus quintais, pavimentando minhas estradas, florejando meu destino, refazendo meus princípios e norteando meus dias.

Porque, por mais que me esmere em registrar a intensidade desses momentos, meu verbo sempre fica aquém: simplesmente por ser impossível às potencialidades humanas descrever coisas eminentemente do céu. Lembrei de Violeta Parra, embora a inspiração não tenha sido essa (tradução livre): "O que logra o sentimento / Não consegue o saber / Nem o mais claro proceder / Nem o mais largo pensamento / Transforma todo o momento / Qual mágico condescendente / Nos liberta docemente / De rancores e violências / Pois só o amor, com sua ciência / Nos torna tão inocentes."

Boa-noite a todos.

***

A conversa é sobre educar sem palmada e ela me diz:

– Mas se você não bater, como vai ensinar limites aos seus filhos?

E eram tantas respostas, que fiquei muda.

* Aprendi que vínculo pode muito mais que palmada. É aquele momento em que a criança até quer fazer o que não deve, mas não faz para não chatear a mamãe, não porque a mamã vá brigar, reparem bem.

* Aprendi que atenção concentrada consegue muito mais que palmada: poucos minutos de atenção realmente concentrada simplesmente fazem milagres.

* Honestidade pode mais que palmada também: dizer honestamente que não pode ou não gosta adianta muito mais que mandar não fazer, por mais estranho que pareça.

* Falar baixo funciona muito mais que gritar – às vezes eu grito, porque me irrito, realmente, nunca porque ache que vai adiantar. Quase nunca adianta. Se eles estão gritando, falar em tom baixo e firme produz milagres, afinal eles precisam abaixar o tom da voz para ouvir o que estou dizendo. Às vezes posso repetir a mesma palavra umas dez vezes, até que eles percebam que não vou parar até poder dizer o que quero. Aliás, aprendi essa com eles! Quem nunca se viu obrigada a interromper qualquer coisa, nem que fosse para reclamar, porque a criança não parava de chamar, em um tom baixo, porém persistente: "mamãe, mamãe, mamãe..."?

* Brincadeira pode muito mais que palmada. E que sermão também – isso até os psicólogos do estilo Super Nanny admitem e utilizam.

* História também surte mais efeito que palmada – sim, eu já bati pra passar um conceito... E não consegui! E consegui de prima com uma historinha. Enfim, a lista é imensa.

* Vale qualquer coisa que: não provoque tensão, porque tenso ninguém aprende, é neurológico; não humilhe, não exponha desnecessariamente; não acanhe a inteligência; amplie as percepções emocionais do ser.

Acredito piamente que todas as crianças são capazes de ser educadas sem palmada, sem quaisquer outras formas de violência. A questão na verdade é: nós somos capazes de nos reeducar a ponto de promover essa obra de amor nos nossos corações e no dos nossos filhos?

Há quase seis anos tive contato com a proposta de educar crianças de forma não violenta, e preciso dizer que o desafio para mim não está nas dificuldades deles, mas em superar meus limites emocionais, aqueles que, uma vez atingidos, põem-me em estado alterado, portanto, acionando meu lado reativo e desequilibrado. Claro, somos humanos. É inevitável ser reativo e desequilibrado de vez em quando. O problema começa quando transferimos os nossos conflitos e desequilíbrios para a responsabilidade de nossos filhos. Eles, de vítimas de nossas limitações, tornam-se culpados por elas, e não raras vezes lhes dizemos isso claramente. Educar um filho sem reeducar os pais, se é possível, não sei como. Quanto à pergunta inicial, a resposta pode ser simplificada... Pena que não pensei nela na hora: ensinar limites não tem nada a ver com bater.

***

Pela primeira vez, me chamaram para falar para pais.

No final, disseram para eu deixar uma mensagem para todas aquelas pessoas que estavam me ouvindo. Fiquei sem saber o que dizer. A ideia era eu falar sobre deficiência, cegueira e superação, blá blá blá, eu venci assim mesmo, mimimi, eu poderia estar infeliz e deprimida, mas estou aqui de bem com a vida, larilalá... Olha, entendo mais que nunca Hellen Keller, que queria falar sobre outras coisas, mas só era chamada a falar sobre ela mesma, sobre coisas das quais ela estava, na verdade, cansada de falar e ser aplaudida meramente por existir.

Em vez disso, falei sobre maternagem ativa, não violência, maternação como processo de reeducação e crescimento... E no final, me pediram um conselho. Um conselho? Lembrei-me da Lígia Cena – "se as suas escolhas dentro da maternação não estão te mudando, tem alguma coisa errada" –, mas pensei que era filosófico demais. Queria dizer uma coisa simples, significativa e fácil de guardar, mas não veio nada. Juro que busquei recordar as coisas mais lindas ditas pro outras maternas, mas não veio nada. Então disse:

– Eu não tenho nenhum conselho pra dar. Nenhum, de verdade. Mas acredito que nossos filhos sejam boas pessoas, e que nós podemos ajudá-los a vivenciar isso... Acredito que a violência começa quando uma pessoa acredita que tem tanta razão que não precisa respeitar o outro, de tão grande que sua razão é; e acredito que felicidade é decisão, enquanto sofrimento é condição.

Depois falaram que foi muito bom, mas eu deveria ter falado sobre superação.

– Mas vocês não entenderam nada, então... Eu falei sobre superação. O tempo todo. O meu maior gesto de superação não é ser cega e existir; é ser mãe dos meus filhos. E isso é superação, não porque eu sou cega, mas porque eu sou eu. Vocês não entendem? Não tem nada de realmente insuperável em ser cego. E realmente não tem. Vocês talvez quisessem que eu fizesse um drama, falando de todas as coisas terríveis que eu sofri por ser cega, e todas as coisas lindas que eu não vivi por ser cega, mas a minha vida não é assim, e se eu falasse disso, estaria mentindo. Se você nasce cego ou perde a visão desde muito pequeno, a cegueira é lugar comum. Superar preconceitos, barreiras arquitetônicas, burrice crônica, ignorância, é simplesmente a única maneira que você tem de existir e ser um ser autônomo e real. Eu não me acho uma pessoa extraordinária porque sei usar uma bengala, porque sei usar leitores de tela, porque sei cozinhar sem me queimar. Eu sou uma pessoa extraordinária porque tive meus filhos, porque tive a coragem de resignificar toda minha vida por causa deles, porque tive a audácia de ir contra a violência institucionalizada contra as crianças. Essa é minha principal realização. Vocês querem que eu fale em prol dos cegos, mas eu quero falar de criança. Porque se as pessoas aprenderem a amar, ouvir e respeitar mais as crianças, vão transformar a humanidade inteira, e obviamente isso vai melhorar para os deficientes também; não só para os cegos, mas para todas as deficiências. Eu não quero que vocês saiam daqui pensando em como eu sou uma pessoa especial, e importante, e corajosa, e demais e inatingível! Eu quero muito mais pra todos nós. Eu quero que todos nós tenhamos a coragem de ser melhores.

CAPÍTULO 18

A lógica da Mariles me impressiona.

Contava para eles aquela história do chefe de aldeia que sempre dizia "depende", quando as pessoas diziam "azar" ou "sorte". Vocês devem conhecer.

Era uma vez uma aldeia onde só havia um cavalo para uso geral. E esse cavalo fugiu. Os aldeões falaram: "que azar!" e o chefe falou: "depende...". Então foram todos atrás do cavalo. Quando o encontraram, ele estava junto de mais outros dois cavalos selvagens. Então os aldeões trouxeram o cavalo fujão, mais ou outros que haviam encontrado. As pessoas disseram: "que sorte!" e o chefe da aldeia disse: "depende...". Então o filho do chefe da aldeia quebrou a perna, tentando domar os cavalos selvagens. Todos disseram: "que azar!" e o chefe disse: "depende...". Mais tarde, todos os homens saudáveis da aldeia foram convocados para a guerra, menos o filho do chefe da aldeia, que estava com a perna quebrada. "Mas que sorte!" disseram todos. E o chefe disse: "depende!" Terminada a história, fomos conversar sobre e a Mariles soltou:

– Tudo começou a dar errado quando eles levalo aqueles cavalos pa aldeia... Sabe puquê? Eu vou dizer: puque o cavalo não era deles. Dá tudo errado, se a pessoa tentar pegá aquilo que não é dela.

***

A lógica da Mariles é a... lógica da Mariles. Eu dando

banho nela e tomando meu banho. Cristóvão bate no Estêvão. Eu ponho o Estêvão para dentro do banheiro, aos prantos, enquanto marido apazigua o Cristóvão. Estêvão chorando, desabafando coisas do tipo "não quero mais ter esse irmão!" para baixo. Mariles então começa a desenhar no box.

– Beeetheee? – ela o chama assim, porque, durante a maior parte da sua vida, foi incapaz de dizer "Estêvão".

– Olha que eu fiz! Uma carinha feliz!

Ele olha, meio indiferente.

– Sabe por quê? É assim que você vai ficar quando ver qual que vai ser o oto desenho que eu vo fazê!

Eu estou esfregando seus pés, enquanto ela continua desenhando, apoiando o tronco contra a porta de vidro.

– Sabe o que que é isso, Bethe?? Sabe o que que é? Fala o que que é?

– É um quadrado – disse ele, se segurando, eu vi, para não ser indelicado.

– Eu sabia que você ia errar! É uma caixa de tristeza.

– Não existe caixa de tristeza.

– Mas agola existe! Poque eu inventei! É assim, você coloca sua tristeza dento da caixa... Vem, Bethe, coloca a mão no vido! – Ele aproximou, meio sem jeito, mas já tinha parado de chorar – Agola coloca a mão do seu lado na caixa e diz poque você ficou tiste.

– Eu fiquei triste porque o Totó me bateu, e eu não gosto que ele me bata.

– Agola, olha a mágica! – Ela então passou o dedinho, apagando o desenho –Pronto! Agola a água vai levar embora a minha caixa e a sua tristeza.

***

– Mamãe, vou levá minha famiia toda pa passear no meu mundo! No meu mundo todas as menininhas tem quarto cor-de-rosa, nenhuma mãe não enxerga, todas as quianças e todos os adultos tem uma casa com graminha e comida e as pessoas vão paa o tabalo e a escola voano! E não existe polícia, mas existe dador de alegria... Sabe como é? Você fica triste, aí pega o telefone e liga e diz: quero um pouco de alegria! E vai uma pessoa pra sua casa, ajudá você a ficar alegue!

***

Daí o primeiro dente da Mariles amoleceu. Ela veio, meio preocupada, alegando que o dentinho doía. Constatei e expliquei o que iria acontecer. Ela ficou... Bem, ia escrever encantada, mas não sei se cabe.

— Ah, mas o meu dentinho vai embola?

— Bem, eu vou guardar, como guardei o primeiro dentinho do seu irmão.

— Mas ele vai embola da minha boca?

— Vai.

E ficou. Desde então, já a peguei algumas boas vezes diante do espelho, conversando com o dente prestes a cair.

— Dentinho, você vai embola. Me desculpe, não foi eu que quis. Você fez muita força já, é um dentinho muito especial e valente. Dentinho, eu nunca vou me esquecer de você... Já estou com saudades. Dentinho, todas as fotos do meu anivesálio de seis anos vão ter o lugarzinho que você ocupou. Você será mais percebido que se estivesse aí, não é maluco? Dentinho, eu amo você. Mamãe, os dentinhos têm vida?

— Ah, suponho que não.

— Então por que eu sinto já tanta falta dele?

— Bem, ele faz parte do seu corpo desde que você era um bebê. Vocês eram, assim, bem íntimos... Além disso, esse dentinho está imantado com sua força vital.

— Como todas as partes do meu corpo?

— Sim.

— Então por que eu não fico tiste quando cai meu cabelo?

— Porque você não o vê caindo? Só vê quando já foi... Não sei, Mariles. Talvez porque os dentes sejam maiores, então você percebe mais a ausência de um dente que de um fio de cabelo?

– Mamãe, anota aí pa me mostrar, porque eu nunca quero esquecer do meu dentinho que foi embola. Nunca, nunca, nunquinha.

– Anotado, Mariles. Estou me perguntando o que você pensará disso aos 15.

***

Carta para Cristóvão

Bebê, eu realmente entendo que você tenha raiva, muita raiva. E entendo mesmo que não saiba muito bem o que fazer com ela. Realmente, eu mesma não sei o que fazer com as minhas, muitas vezes. De fato, há ocasiões em que me seguro para não bater os pés no chão e gritar "eu queeeeeeerooooo" com toda a força dos pulmões. Eu entendo tudo isso. Acho que os adultos problematizam muitas coisas das crianças, porque nunca ouviram sua criança interior, que é, na verdade, uma das melhores partes de todos nós. Às vezes, acho que merecia mais, e me sinto culpada por não ser lá um exemplo perfeito de resignação; fico brava por ter que tentar ser composta e razoável quando estou sangrando por dentro e queria mesmo ter a permissão de me descabelar e bater os pés no chão, ou espremer o nariz contra o piso.

Então, quando você chora e se descabela, não é como se eu não entendesse o que vai dentro de você. Eu entendo. Com dez vezes a sua idade, tive oportunidades de sobra para chorar e me descabelar; para ter vontade de mandar todo mundo embora – e, algumas vezes, mandei mesmo! Já gritei, já bati as portas, já falei absurdos, então, isso aí, estamos do mesmo lado. Eu sou tão intensa que na maioria das vezes não caibo em mim, e isso é bom, porque esse transbordamento me leva a fazer coisas realmente boas... Mas, igualmente, é ruim, quando o desbordar vai para outra direção, e então preciso me segurar para não rolar ladeira abaixo e não quebrar tudo em torno, especialmente no campo da metáfora, o que é bem pior que se eu me ativesse aos objetos, como você faz.

Então, gritar e espernear são um talento inato. Fazem os bebês e fazemos nós, adultos, por meio de mil artifícios. Não acho que você deva parar de berrar e espernear, literal e simbolicamente. Mas acho que você precisa aprender a fazer outras coisas, também.

Às vezes, eu estou brigando com alguém e até esqueço o motivo. Só preciso continuar empurrando... Mas na verdade, eu quero pedir para parar. Quero pedir um abraço. Quero pedir para a pessoa ignorar tudo que eu disse e me pegar no colo, então acho que você devia, também, aprender a pedir colo, quando está com raiva. De outras vezes, eu entendo que a vida tem sua própria lógica, e que eu devo aceitar, mas, ao mesmo tempo, sinto que me render seria me trair, então eu apenas paro tudo e saio de cena, numa medida de contenção de danos, por isso, acho que você vai lucrar se aprender a se contrair para se expandir com mais segurança, quando estiver com raiva.

Há momentos em que eu me sinto sozinha, mas tão sozinha, que parece que todo o universo está sumindo comigo junto, e eu corro o risco de ficar presa em um buraco negro. Eu, minha personalidade e minha raiva impotente e frustrada. Então preciso pedir ajuda, antes que a fantasia perigue tornar-se realidade. Por isso, acho que você poderia aprender a aceitar ajuda, quando estiver com raiva também. O problema é que nem sempre as pessoas sabem te ajudar. Muitas te julgam. Outras tantas te expõem. Várias não se importam, realmente. Então, quando eu peço ajuda, já me preparo para conseguir perdoar, se a pessoa não quiser ou não puder me acolher, naquele momento, justamente por isso creio que aprender a perdoar possa te ajudar. Então, note bem, o meu ponto não é a sua raiva.

Virtualmente, eu continuo batendo portas, batendo os pés, arremessando coisas por aí... Só aprendi outras formas de fazer. Formas que não incluam uma garganta machucada e tímpanos furados, coisas quebradas pelo chão e pessoas se perguntando que calmante faria efeito mais rapidamente em mim. A ira é uma das forças energéticas criadoras do mundo – quem diz isso não sou eu, é Gandhi! – e você vai me perdoar, mas as pessoas mais desprezíveis que conheço são aquelas incapazes de assumir seus reais sentimentos, especialmente os negativos, afinal, né, não pega bem. Mas é necessário dominar a raiva, para que ela não nos domine. A ira deve ser ponto de partida, não ponto de chegada. Você tem raiva? Sente ira? Tudo bem, mas o que você vai fazer com ela? Como irá manipulá-la? Como irá transmutá-la? Transformá-la-á em recalque? Em crescimento? Em oportunidade de aprender a se contrair e expandir? Em oportunidade de aprender a perdoar? De lutar pelo que quer? De adquirir resiliência para aceitar?

Tudo bem você ter raiva. Tudo bem mesmo. O problema acontece quando você só tem isso. Aí não é personalidade: é burrice mesmo. Se seu mundo é vermelho de ira e razão, você precisa deixar que ele tenha outras cores também. Nós somos coloridos, multiformes, multifocais, únicos, incríveis e grandemente capazes de remodelar nossas matrizes. Você enxerga a raiva dentro de si, por todos os acontecimentos grandes e pequenos da sua vida de bebê... Mas preciso que você enxergue outras coisas. O amor. O cuidado. A ternura. A suavidade de quem já descobriu aonde vai... Porque "A vida pode ser um bom estado de luta, mas o estado de guerra nunca será uma vida boa".

****

O deficiente é um convite ambulante para reumanização da humanidade. Com a fragilidade que nos é inerente, a todo o tempo fazemos com que as pessoas se questionem, repensem seus valores, suas convicções, trazendo, assim, à tona o melhor ou o pior delas mesmas. Assim é que o deficiente exitoso também é uma declaração viva do potencial humano daqueles que o rodearam. Diz-se que nos superamos todos os dias, mas a verdade é que todos que participam da nossa jornada se superam também.

Somos a proposta de enxergar novos padrões de beleza, de possibilitar correr sem pernas, fotografar sem ver, cantar sem ouvir, praticar esportes, mesmo os radicais, sob condições que, inicialmente, soariam impossíveis. Entretanto nossos impossíveis não seriam desestabelecidos sem o concurso ativo de alguém, qualquer um, que cresse ser possível. A reabilitação de um deficiente é a reconexão da humanidade consigo mesma. Não é o triunfo da caridade humilhante; é uma total revisão de paradigmas. É que quando alguém "compra" a limitação do outro, ajudando-o a diminuir as dificuldades do corpo que é seu, não permanece mais o mesmo. O ato de sair de si e servir o outro é eminentemente transformador. Disso falam todos que o tentaram, ao longo dos milênios de história e filosofia que rolam até nós.

Entretanto, o que dizer quando o oposto acontece? Quando a presença de uma pessoa com uma evidente fragilidade desperta, não o melhor, mas o pior? Quando as mãos perfeitas que poderiam acolher, levantam-se para agredir? Quando a dignidade que poderia ser defendida é vilipendiada? Quando o ser prospera, não ao influxo corajoso e humano dos mais próximos, mas sucumbe, não por sua indiferença, mas por sua ação direta? Então só nos resta chorar; mais pelo algoz que pela vítima, porque sempre é melhor estar no segundo que no primeiro. Sua deficiência é total, e está em um patamar muito além da observação elementar. São pessoas que veem, mas não enxergam; ouvem, mas não escutam; andam, mas não caminham; pensam, mas não refletem; têm coração, mas não sabem amar.

A sociedade fica chocada, algumas vezes, ao ver um deficiente pelas ruas. Penaliza-se e, por vezes, até irrita-se, se ousamos transpor os rígidos limites que a ignorância traça para nossa atuação. Para a deficiência extrema, que é a total desconexão de si mesmo, que redunda em grotescas deformações de caráter, guardam os instintos mais extremos de violência. De verdade, meus amigos, esses sim, merecem sua piedade extrema.

Deixo, assim, a reflexão sobre essa deficiência maior; a deficiência extrema: os adoecimentos morais que impedem uma criatura humana de enxergar, mesmo vendo; de ouvir, mesmo escutando; de caminhar, mesmo andando; e de amar, mesmo estando vivo.

Vamos ao oftalmologista para prevenir quaisquer danos aos olhos; ao ortopedista/fisioterapeuta se a movimentação não flui com a harmonia necessária; ao otorrino, se o ouvido zune; ao neurologista, se a cabeça ameaça falhar... Mas aonde vamos se a alma ameaça ruir? Cada qual tem sua resposta. Meu objetivo aqui não é apontar uma verdade absoluta, mas fazer as perguntas. Porque nós precisamos ir a algum lugar. Precisamos de uma saída, de qualquer saída... Para que a loucura diminua; para que a violência nos transforme em algo melhor que aquilo que nós somos, e para que vítimas como as que vemos agora não existam, nunca mais.

***

Sou mãe em tempo integral e me orgulho disso. Não que pense que todas devam seguir meu exemplo; não que não faça mais nada da minha vida; não que descarte eternamente quaisquer atividades além da maternidade... Apenas a maternidade é a atividade mais importante que faço, atualmente. Essas três crianças são minha declaração de amor à humanidade; são meu Instituto Pessoal de Resiliência e Autoestima; são a cruz que alimenta minha luz, literalmente.

Complicado é quando perguntam "atividade" ou "profissão", eu digo mãe e as pessoas corrigem para "dona de casa". Não é a mesma coisa. Sou dona de casa sim, e gosto disso também. Mas só sou dona de casa porque sou mãe e porque é aqui que meus filhos vivem. Do contrário, não seria dona de casa; seria qualquer outra coisa. A casa não me justifica; não me leva a descortinar novos horizontes; não me leva a estudar psicanálise de madrugada. A casa é o ninho em que nos coube viver, e eu a reverencio como provedora do teto digno e seguro que nos acolhe e resguarda, mas só. A casa não me representa. Não define a materialização dos meus ideais mais extremos de amor ao próximo e luta por um mundo melhor. Não resume a minha vida. Eu não morreria pela minha casa. Não tenho remorsos em trocar uma brincadeira com meus filhos por uma pia vazia de louça. Na casa eu faço o que dá e quando dá. É meu dever, não meu prazer. Respeito, cuido e dignifico o quanto posso, mas se sou dona dela, ela não é dona de mim. Por isso aquela mocinha não entendeu quando fiz questão de corrigir:

– Desculpe, eu não falei dona de casa. Sou mãe mesmo.

– É que aqui não tem "mãe" – disse ela, sem jeito.

– Tudo bem. Tem "outros"? – Ela confirmou.

– Então, por favor, escreva "mãe" no espaço em branco de "outros".

Só depois disso assinei embaixo. Sei que devo ter parecido excêntrica e apegada a ninharias. Qual a diferença de uma palavra para a outra? Nenhuma. Só a que existe entre o efeito e a causa.

***

Ontem eu ouvi de um amigo que cegou depois de adulto: "Antes eu era um leão; mas a deficiência me domou. Hoje eu digo que sou um gatinho, que faz tudo o que quer.". Não sei por que me lembrei dessa frase diante do acontecido recentemente.

Estávamos num parquinho, eu e duas das minhas crianças: Cristóvão, de 3, e Mariles, de 5. Eu estava de pé, de bengala, a postos, enquanto eles brincavam. Num parquinho, minhas crianças se comportam como crianças quaisquer: me chamam para eu olhá-las – o que significa que eu tenho que ir até onde elas estão, de bengala, e entender o que estão fazendo –, me chamam para tirar, para perguntar se podem subir mais alto ou não. Eu talvez me comporte como uma mãe diferente, não apenas pela dificuldade de locomoção, mas pela postura em geral. Não, eu não fico direcionando sempre as ações deles, e não é porque eu não enxergo, mas porque acho que idas ao parquinho são oportunidades importantes de autoconhecimento, percepção de limites e afins. Ontem estávamos lá, e havia outra senhora com uma criança, cuja idade pareava pela da minha menina. Mariles estava toda serelepe nos brinquedos, como sempre. A outra menininha, a mãe ficava o tempo todo: "Não vai! Você vai cair! Desce! Volte mais um, aí embaixo é bastante para a sua idade! Você vai cair e quebrar uma perna!". Até que a criança perguntou:

– Por que aquela menininha está lá encima, então?

E a senhora, em tom mais baixo, mas suficientemente audível:

– Porque a mãe dela é cega e não pode cuidar dela. Por isso ela fica correndo perigo.

Eu estava balançando Cris perto dali, a bengala agora dobrada, presa à roupa. Não disse nada. Poderia dizer. Poderia me justificar. Poderia discutir, mas não disse nada... Porque meus filhos estavam se divertindo e, francamente, eu só queria levar minhas crianças ao parquinho, não dar noções de liberdade responsável para quem não pediu. Fingi que não estava triste e continuei balançando o Cris, atenta a como aquilo chegaria na Mariles. Não precisei esperar. A todo momento, ela passou a pedir instruções à ilustre desconhecida:

– Moça, posso subir ali?; Moça, me ajuda a descer?

Sim, eu poderia intervir, mas não o fiz... Ainda. A conversa agora teria que ser particular, sem plateia. Mariles brincou coisa de meia hora, até elas partirem. Não interagia com a outra menininha, só com a pessoa que estava com ela. Para tudo para o qual me chamaria, chamava ela. E eu não disse nada. Quando elas por fim se despediram, com minha filha recebendo a recomendação zelosa de "cuidar bem da mamãe e do irmãozinho", eu por fim fui falar com ela.

– Mariles, o que foi tudo aquilo? – ela começou a chorar – O que houve?

– Eu quero descer.

Ela já tinha descido de muito mais anteriormente.

– O que isso, filha? Você já desceu de muito mais alto.

– Mas eu estou com medo.

– Tudo bem, eu tiro você.

Ela se afastou de mim pelo brinquedinho, mas sem subir.

– Mamãe, eu quero que uma pessoa que enxerga ajuda eu.

Respirei fundo. Contei até três.

– Por quê?

– Todo mundo acha errado você cuidar de mim. Todo mundo acha que você não podia. Todo mundo acha que você vai me machucar.

Lembrei-me de mim numa casa da família, querendo levar meus filhos para um simples passeio e a família em peso tentando me impedir... Até que alguém perguntou:

– Mas por que você quer tanto levar eles?

E eu respondi:

– Porque eles são meus.

Dias depois, a pessoa:

– Nossa, achei um máximo você ter se imposto daquele jeito.

E eu pensei: "E eu achei tremendamente triste eu ter precisado me impor daquele jeito".

Só que agora não era com os outros; era com a minha filha. A minha filha estava com medo de mim. Normalmente as pessoas não ficam felizes em responsabilizar crianças a uma pessoa cega... Mesmo se essas crianças forem dela. Mas e quando o medo delas passa para as crianças?

– Você sabe por que as pessoas ficam achando que eu não posso cuidar bem de você? – perguntei, tentando soar totalmente controlada, razoável, como se não estivesse doendo, como se não estivesse querendo chorar, como se eu sempre soubesse que aquele dia ia chegar.

– Porque a senhora é cega?

– Não. Porque eles não conhecem a sua mãe. Nem conhecem a eles mesmos. Eles acham que eu não posso fazer as coisas, porque imaginam que, se estivessem no meu lugar, não fariam nada. O problema não é meu; é deles. Agora você é minha filha, portanto o problema agora é meu. Vive dentro da minha casa. Quantas vezes eu te deixei cair?

– Nunca.

– E quantas vezes você foi parar no hospital porque eu não estava olhando?

– Nunca.

– E quantas vezes eu te machuquei?

– Nunca.

– Então vamos descer?

– Não. Eu quero uma pessoa que enxerga.

Encontrei uma pessoa que enxergava para tirar minha filha do brinquedo do qual ela desceria serenamente no começo da manhã. Fui para casa e não toquei mais no assunto. Talvez ela precisasse de tempo para elaborar aquilo. À noite, seu dentinho estava no ponto de ser tirado. Ela estava pedindo para eu tirar todos os dias, e eu dizia que ainda não era a hora. Quando ela me mostrou, era a hora. Eu tinha tirado praticamente todos do Estêvão, com exceção de um ou dois, mas ela disse:

– Mamãe, é que quero pedir pra professora tirar...

– Mas por que, Mariles?

– Porque ela enxerga.

***

Vira e mexe mães de crianças cegas me escrevem: "Como fazer para ir ao parque com meu filho?"; "Como fazer para ir com meu filho, sozinha, à igreja?"; "Como fazer para sair sozinha com meu filho?". A resposta é sempre simples: "Apenas vá. Apenas saia. De preferência, sempre que possível, sem acompanhante. Não é simples porque é simples; é simples porque é essencial, indispensável. E talvez alguém lhe pergunte, como já me perguntaram, no passado: 'Mas por que você sairia sozinha?' E eu espero que respondam, com orgulho, com coragem: 'Porque ele é meu'".

***

A hora de dormir é mágica. Eu, uma criancinha e o resto do mundo fora. Não tem computador, não tem celular, não tem mundo, só nós. É onde tudo se ajeita, onde estamos mais próximos.

– A senhora está com muita raiva de mim?

– Não.

– Quanta?

– Nenhuma.

– Eu não queria ter uma mãe cega.

– Tudo bem. Eu não queria ser cega também.

– Não?

– Claro que não. Não é uma coisa que a gente escolhe.

– Mamãe, se Deus é bom, por que a senhora é cega?

– Porque tinha coisas que eu só aprenderia se fosse cega.

– A senhora nunca vai me ver?

– Não.

– Mas não é justo.

– É, sim.

– Mas por quê?

– Eu tenho você. Eu podia nunca ter te tido. Eu podia enxergar e não ter filhos. Então eu nunca teria tido você.

– Mas a senhora não ia ficá triste, porque não ia saber que eu existia.

– Sim. E isso seria ainda mais triste. Eu não te vejo, mas sei que você está aqui. Nós estamos aqui. Nós estamos juntas.

– Mas a senhora podia enxergar e me ter, igual todo mundo.

– Podia. Mas não é assim. E não adianta o que você possa dizer, isso não vai mudar.

Chora.

– Por que você está chorando agora?

– Porque não é justo.

– Mariles... A cega sou eu.

– É, mas eu sou a sua filha. Eu não gosto que as pessoas fica falando de nóis. Eu tenho vergonha.

– Tá tudo bem.

– Não tá.

– Vai ficar tudo bem.

– Não vai.

– Mariles... Eu entendo o que você sente, e respeito, mas não deixe isso ficar muito grandão no seu coração.

– Por que?

– Porque você pode esquecer que é feliz. O maior risco dessas coisas é fazer a gente esquecer que é feliz.

– Eu não sou feliz agola. Eu sou triste, muito triste. Se eu pudesse, eu cholava a noite toda.

– E ficaria cada vez mais triste, e choraria cada vez mais, e seu olho doeria, e seu nariz escorreria, e enquanto isso... Você não seria feliz.

– Eu gosto muito de chola...

– Tá. Então chora. Mas vamos combinar uma coisa?

– O quê?

– Você chora essa noite quanto quiser. Pode chorar a noite toda. Mas amanhã, nós não vamos mais chorar. Nós vamos continuar a viver, está bem?

– Mamãe, eu não quelo mais i no paquinho.

– Tudo bem. Hoje à noite a gente não vai.

– Mas e amanhã?

– Que historinha você quer ouvir hoje?

– Não quelo historinha. Quero cholá.

– Tá. Então chora. Mas amanhã, não. Combinado?

– Combinado.

***

"E a vida leva e traz. A vida faz e refaz. Será que quer achar sua expressão mais simples?"... Não sei por que pensei nisso, enquanto ela ficou lá, chorando como se não houvesse amanhã. Mas hoje acordou normal. Normalíssima. Porque tudo passa, e a gente não pode deixar as coisas crescerem mais que o que merecem.

***

Nunca pensei que escreveria isso, mas vamos lá: cegos podem tomar banho sozinhos. Claramente estou pensando naquela pessoa, criança ou adulta, que não possua qualquer outra deficiência além da cegueira. Como isso pode ser feito: fazendo. Os objetos do banheiro precisam estar sempre nos mesmos lugares. Cada qual encontra métodos próprios de diferenciar o xampu do condicionador, a depender da marca e do contexto. Desde que as coisas permaneçam no lugar próprio, não existe qualquer problema. Para as toalhas de banho, é legal você optar por texturas diferentes – fazemos isso aqui em casa, onde somos dois cegos e 3 crianças pequenas. Um deficiente visual é perfeitamente capaz de reconhecer sua toalha de banho, e o lance das texturas ajuda, supondo que ele não guarde resíduo visual algum.

Então ele se despe, põe a roupa no lugar próprio e entra no banho. Abre o chuveiro, certifica-se de ficar bem molhado e faz uso dos cosméticos adequados. Em seguida pode secar-se dentro ou fora do box, dependendo do contexto, e vestir-se. Se a vestimenta for pega previamente ajuda, pelos motivos que os próprios videntes o fazem. Calcinhas e cuecas possuem a parte dos genitais mais estreitas que a parte das nádegas, e isso é fácil de se perceber. Os botões devem ser conferidos depois de abotoados, para garantir que não estejam trocados por alguma distração. O calcanhar da meia fica na direção do... calcanhar. E existe uma linha de costura que normalmente fica na linha dos dedos dos pés, acima da região das unhas. Sapatos, cadarços, atacadores podem ser manuseados com total independência.

Sobre as meias, é legal você sentir a necessidade do deficiente, o contexto geral. Vi famílias que optam por vários pares de uma única cor, para evitar confusão na hora de guardar ou vestir. Aqui eu tento variar nas texturas, considerando que somos 3 crianças pequenas e dois deficientes. Uso estampas para Mariles, lisas para o Estêvão e as menores não dá para errar; mas faz tempo que não ligo mais para isso.

A higiene íntima utilizando o sanitário é perfeitamente possível, também. Após o término das necessidades básicas, podemos nos servir do papel higiênico com segurança, e, sim, tem como saber se está limpo sem ver a cor do papel. Os períodos menstruais são mais delicados, mas nem por isso inviáveis. Algumas utilizam um método duplo de proteção, mesclando absorvente interno com absorvente externo; outras preferem trocar com mais frequência, para evitar acidentes. Eu evito, o quanto posso, roupas que destaquem eventuais acidentes de percurso. Pessoalmente tive acidente zero com o coletor menstrual, mas aí é assunto para outra escrita.

Se você tem um cego dentro de casa que ainda precisa de ajuda, pode perguntar que meios de adaptação ele sugeriria para ter mais independência na hora de se vestir.

Cegos também podem se barbear com total independência. Também podemos escovar os dentes – eu prefiro fazer isso despida, de medo de derrubar pasta na blusa e não ver, mas isso porque sou mega distraída. Podemos nos maquiar, fazer depilação, inclusive dos pelos pubianos, com naturalidade e segurança. Quero dizer que já me depilei com gilete, cera, creme e depilador elétrico e nunca me acidentei... E – já disse, né? – sou mega distraída.

E por que é importante para um cego vestir-se sozinho? Pelo mesmo motivo que é para você. Construir um espaço de intimidade é importante; sentir que é capaz de se virar – porque é! – aumenta a autoestima e o senso de dignidade humana. Como raios você vai ter um espaço pessoal se não consegue nem colocar a própria calcinha? Como você vai lutar por uma vida ativa se não sabe nem amarrar os cadarços?

Ah, sim: do mesmo modo que somos capazes de nos

vestir, somos capazes de ter uma vida ativa. Em princípio, cegos não precisam de cuidadores. Uma criança cega está apta a tomar banho na mesma faixa etária que uma criança normovisual, mas esse processo muitas vezes é retardado, ad infinitum, pela superproteção dos familiares, que, ao realizar por ela tarefas que ela teria condições de fazer sozinha, criam condicionamentos psicológicos de difícil resolução e prejudicam seu desenvolvimento psíquico, motor e social.

Se você tem um deficiente visual em casa, especialmente criança, e não o incentiva a cuidar de si mesmo sozinho, saiba que, ao supostamente ajudá-lo, está prejudicando-o; saiba que as consequências da superproteção são mais prejudiciais que a da deficiência em si... Como o remédio que deveria salvar a vida de uma pessoa em risco, mas detona todo o sistema imunológico e a incapacita de uma maneira progressiva e, por vezes, irreversível. E, sim, eu disse irreversível.

***

O problema dessa vida de Internet, com amigos supostamente virtuais, porém que te acompanham por anos a fio, é que... morre muita gente legal que eu nunca abracei. E esse abraço não dado meio que se junta. E é muito bizarro uma pessoa que você realmente gosta morrer e você não ter com quem chorar. E aí você não tem cara de ligar na casa dela... "Oi, você não deve saber quem eu sou, mas fulano/a sempre falou de você, e eu queria dizer que nós éramos amigos/as, quero dizer, escute, eu só... estava com saudade e queria dizer que ele/a deixou um carinho no meu coração, então, sei lá, se você precisar, quero dizer, eu imagino que esteja sendo difícil pra você também e...".

E com o tempo, na falta de alguém com quem trocar reminiscências, parece que essa pessoa vai se diluindo, vai virando lenda, uma morte dentro da morte... E você não pode fazer nada, exceto reler históricos antigos pra se convencer de que vocês realmente coincidiram, embora nunca tenham coincidido fisicamente.

Acho que um dia sociólogos e filósofos vão escrever isso... Sobre o luto virtual. Sobre os processos que fazem com que as pessoas sejam realmente amigas, sem jamais e encontrarem pessoalmente. E como isso fica se uma delas chega ao fim da jornada. E esse meio dos amigos que se conversam às centenas, em milhares de interações por semana, às vezes parece que a pessoa nunca esteve lá... O nome dela é ocupado por outro nome; suas histórias por outras histórias... E isso é assustador e muito, muito estranho.

Chega. Deve ser sono.

CAPÍTULO 19

Depois dos seis anos, parece que Mariles está se estabelecendo mais no mundo.

Está menos etérea, mais presente, mais questionadora, mais ativa. Então ela soube de um assassinato de uma conhecida, soube de outras tristezas, e veio me perguntar:

– As pessoas são boas ou más?

– As pessoas são boas.

– Então, por que elas fazem coisas más?

– Porque elas não sabem o quanto são boas.

– E quando elas vão saber?

– Cada um sabe de um jeito.

– Então, eu nasci sabendo. Sabe porque as pessoas gostam de mim? Porque eu sou boazinha, bonitinha, fofinha e alegre.

– Isso mesmo. Mas sabe por que você sabe disso?

Para. Pensa.

– Você sabe disso porque a gente te disse. Você cresceu ouvindo que era amada, que era linda, bonitinha, fofinha e boazinha e que as pessoas gostavam de você. Mas nem todas as crianças têm esse privilégio.

– E então por isso elas vilam pessoas más?

– Elas fazem coisas más porque não sabem que são boas. E um dos motivos que fazem elas não saberem que são boas é não terem crescido sentindo que eram boas.

– Então todas as mães deviam dizer pros seus filhos que eles eram pessoas boas! Pronto!

– Não é tão simples assim.

– Não?

– Não. Não basta só alguém dizer. A pessoa tem que acreditar.

– E por que eu acreditei?

– Porque você é desse jeito. Mas cada pessoa é diferente, e aí a gente tem que entender como cada um é.

– Mamãe... eu queria voltar a ser bebê.

– Mas por quê?

– Porque pensar é muito complicado.

– Então diga uma coisa simples.

– Não sei. Vamo brincá de cozinha?

***

Das dificuldades reais de criar filhos sendo cega – coisas que acontecem

Você fica grávida e perguntam quem fez isso com você. Sim, é muito difícil. Você se sente a pior baranga de todos os tempos. Você se sente a primeira bolacha do pacote, aquela espatifada que escorre quando tiram a fitinha e ninguém percebeu. Você não sabe onde enfiar a cara, e ainda tem que responder com educação e naturalidade, porque xingar gera discórdia. É muito difícil manter a autoestima e a segurança da própria sexualidade durante a gravidez, quando te perguntam isso, sabe? Geral pergunta quem vai cuidar do neném pra você, como se você, além de cega, fosse um perigo pro seu filho. Se não tiver muita noção, vai começar a se sentir incapaz por causa disso. Precisa de muita fibra pra não entrar nessas sacanagens terroristas, ditas sem a menor gentileza nem verdade. Não falta quem pense que você vai matar seu bebê afogado na banheira ou sentando na cabeça dele. É muito difícil você abstrair e não se sentir culpada por achar que não vai matar seu neném, por ousar ser mulher, mãe no sentido integral.

Ainda na gravidez, seu obstetra pode sugerir cesárea...

Porque você é cega. Sabe como é, uma saúde delicada, já sofre tanto na vida... Ou, se você tem parto normal, pode ouvir a pérola "fulana pariu, mesmo sendo cega, que guerreira!". Aí você lamenta por não saber uns golpes básicos de caratê, pra honrar o "guerreira", enquanto tenta sorrir com gentileza e benevolência – sim, é muito difícil, tem que ter muita garra pra enfrentar!

Aí o neném nasce... Oh! Vão por mim, tiram mais nenéns do colo de puérperas cegas que normovisuais. E ficar sozinha com um recém-nascido sendo mãe dele é muito difícil. As pessoas têm medo. Acham que você vai derrubar. E se for seu primeiro filho, junta o seu medo com o delas... Já conheci mulheres que vestiram essa camisa e foi desastroso. Nada é mais triste que uma recém-mãe cega dizer: "posso dar banho no neném?", ouvir um "não" como resposta e se reduzir a sua incompetência. Triste porque mentiroso; mentiroso porque criminoso.

A superproteção assume níveis doentios e enlouquecedores. A mãe cega só tem duas opções: ou assume o filho ou some, sendo que, muitas vezes, assumir significa sofrer muito. Vão dizer que somos orgulhosas; irresponsáveis; egoístas... porque só queremos cuidar do nosso filho, ou sair com ele. Contraditoriamente, dizem que somos exemplo. Dizem que somos guerreiras, mas, na prática, isso não significa nada. Os pediatras não têm o menor preparo para lidar com mães deficientes: ou nos ignoram se vamos com acompanhante, ou nos infantilizam se vamos sozinhas, e é preciso muito, muito útero, muito tato, pra se impor preservando o orgulho fragilíssimo da maioria deles. Experimente, sendo cega, discordar do seu pediatra. A escola, menos ainda. Se os professores mal se viram com um aluno cego em sala de aula, imagine com uma mãe cega de aluno? Já fui quase derrubada na escola dos meus filhos, não pelas crianças, mas por funcionários... E ainda não gostaram quando eu não gostei.

Para a sociedade, somos tão incríveis, que somos aberração. Não existem projetos de leis para facilitar a acessibilidade de mães deficientes com seus bebês. Também, pudera!

Pouquíssimo se faz pela acessibilidade para cegos em locais públicos. Preferem criar cantinhos alternativos, uma forma requintada de exclusão, mas que, nem por isso, deixa de ser essencialmente cruel. Nem mesmo a loja de produtos feitos para deficientes contempla essa possibilidade frontalmente. Para todos os efeitos, não existimos. Não existem estudos significativos sobre nós, nem mesmo estatísticos.

Numa sociedade em que sobram propostas para afastar bebês de suas mães com corpos perfeitamente funcionais, é muito difícil para uma mãe deficiente cuidar do seu filho. Apoio é muito raro; respeito, mais ainda, e é muito desgastante ser desrespeitada todos os dias e manter a cabeça no lugar, e seguir educando sem amargura nem extremismos. É muito, muito difícil, mas não porque somos cegas; não porque os desafios da tarefa sejam impossíveis, frente à nossa condição, mas porque estamos inseridos em um meio que massacra a mãe por excelência, e se ela é visivelmente fora da casinha, é implacável. Eu disse implacável. Eu gostaria que as pessoas soubessem disso. Elas dizem: "Veja essa mulher! Ela é cega, casada com cego e, entretanto, tem três filhos! Vejam que garra! Que fibra!". Mas, invariavelmente, o foco está apontado para o lado errado. "Vejam, ela dá banho!"; "Vejam como ela interage com eles, mesmo sendo deficiente!".

Desculpem, isso não é nada demais para mim. E isso não conscientiza, de verdade. Não agrega. Eu me torno um filme de cinema que as pessoas acham lindo, mas depois saem da sessão com o seu saquinho de pipoca na mão e a latinha de refrigerante. Depois elas comentam "Vocês viram, que filme legal? E que história incrível?" e partem para a próxima atração. A minha deficiência, a minha suposta superação, viram artigo para consumo emocional. A realidade é diferente: "Olhem, ela consegue ir com do ponto A ao ponto B com o bebê no sling e a bengala na mão e não bate a cabeça do neném em nenhuma daquelas lixeiras das portas das casas das pessoas, que nunca têm um piso em volta!"; "Vejam, perguntaram pra aquela grávida cega pra quem ela ia dar o neném, e ela não agrediu essa pessoa! Não é incrível?"; "Aquela ilustre desconhecida repreendeu o filho daquela mãe deficiente que estava andando na frente e não estava 'cuidando da mãe dele' e ela não se deixou abater!".

Adaptar procedimentos é simplesmente parte de quem nós somos, e fazemos isso naturalmente, desde que tenhamos o mínimo de apoio ou, pelo menos, que pessoas externas não destruam nossa autoconfiança. Às vezes é desesperador: a cega sou eu, mas parece que sempre tenho que dizer às pessoas para onde olhar.

CAPÍTULO 20

Estêvão ouvia aquela música abom-
inável da barata e disparou:

– Por que eles ficam zoando a barata? O que tem de errado com ela?

– Com eles, você quer dizer.

– Com quem zoa a barata.

– É.

– Pois é, a coitadinha já não tem nada.

– Quem foi que disse?

– É... então eles podem estar mentindo?

~ Surpresa ~

– Minha aposta é que eles têm é inveja da barata...

– Caramba, mamãe! Não é certo rir das pessoas.

– Do jeito que a música faz, não.

– Mas por que é música pra criança? Por que música pra criança ensina pra criança coisa que não é certo fazer com outras pessoas? Isso não faz algo ruim parecer legal?

– Duas coisas. Primeiro, é recente a gente se tocar de que rir dos outros desse jeito não é legal; segundo, muita música que cantam pra criança não foi feita pra criança. Personificar pessoas como animais era um costume do século XVII, para dar certo anonimato... Imagina, você faz uma música sobre mim me personificando como uma pulga, por exemplo... Se eu for reclamar, você vai poder dizer "ué, você é uma pulga, por acaso?"

– Nossa...

– Estêvão, tem um equilíbrio difícil de achar aqui: alguns

dizem que tudo é errado; outros, que tudo é certo. E sabe como a gente faz pra saber a diferença?

– Não.

– Pensa. Em cada coisa separado, e vê como a gente se sente... Entendeu?

– E aí a gente vai encontrar a verdade? - Pelo menos, a sua verdade, sim. - Mas não existe uma única verdade?

– Filho... Eu ainda tou procurando achar a minha verdade... Imagina a verdade de todo o mundo? Esqueça. Se cada qual pensar num todo e for honesto consigo mesmo, fazendo o que achar certo e realmente não fazendo nunca o que sabe que é errado, o mundo vai ser bem melhor.

***

Era uma conversa em um grupo sobre "prós e contras" de se ter ou não mais um filho. E de repente eu me senti estranha, como não me sentia há anos. Não, eu não pensei se outro filho caberia no meu orçamento financeiro, embora confesse que tenha feito as contas mil vezes antes de comprar uma lava louças. Eu nunca pensei se conseguiria dar atenção suficiente aos outros filhos ou ao que já tinha, simplesmente porque eu era mãe, então, obviamente iria dar a atenção que todos precisassem, desde que tivesse saúde e disponibilidade para tanto. Também eu jamais pensei se o outro irmão quereria um irmãozinho a mais, embora tenhamos tido verdadeiros concílios familiares para dar peixinhos de aquário como animais de estimação para eles. Adoro meus filhos, mas um irmão não vem para satisfazer sua vontade, ou para contrariá-la. Tá, já pensei, sim, se amaria tanto ao segundo quanto ao primeiro, mas minha perspectiva mudou totalmente quando fui fazer uma ultra pra aferir tempo gestacional e encontrei uma pedra na vesícula no lugar dum coração batendo. Eles estudam em escola particular, mas essa também nunca foi uma prioridade inegociável.

Também acho que seja meu dever prepará-los para a

vida, não vencer a vida pra eles. Não sei se vou conseguir pagar faculdade, e isso não está nem no meio da minha lista de prioridades. Também não penso em aulas de inglês ou do que quer que seja. Atualmente Estêvão estuda piano, e pretendo dar a Mariles a mesma oportunidade, mas não é pensando no mercado de trabalho, mas no desenvolvimento de uma sensibilidade mais sutil, mais gentil, mais sublimada. Eu me ocupei em lhes dar nascimentos dignos, em conseguir para eles uma escola que os tratasse com dignidade e respeito; em fazer do nosso lar um lugar para o qual eles queiram voltar, não do qual queiram fugir. Ocupo-me em atender suas necessidades emocionais, em ouvir o que eles estão dizendo, mesmo quando não dizem nada; em ensinar a forrar as camas, pedir desculpas, olhar nos olhos, dizer "não", pensar com a própria cabeça.

Não sei se eles quererão fazer uma faculdade. Não sei se eles estarão vivos na época da faculdade. Não sei como estará o mundo quando eles precisarem ganhar a própria vida, e sei que existem milhares de formas de você fazer dinheiro, muitas mesmo, e tenho como missão ajudá-los a serem pessoas capazes suficiente de encontrar o próprio caminho, mesmo sob chuva e sobre pedra. Sei que a família é o berço deles, mas não é o único lugar onde eles encontrarão oportunidade e afeição, então não é como se aquilo que eu não lhes possa dar de mão beijada eles não possam conseguir de outra maneira.

Eu sei que a cartilha reza que é cada um por si e Deus por todos, mas não consigo ver o mundo dessa forma. Talvez eu seja mesmo uma irresponsável dos tempos modernos, mais concentrada no dia de hoje que num amanhã incerto e, sobretudo, ideal e hipotético. Porque acho que aprendi que eu tenho menos poder do que diziam que eu teria, e porque, no fundo, acredito mesmo na tal história dos lírios do campo e das aves do céu. Eu ajunto em celeiros para eles, bem menos do que o senso comum acha que deveria. Fio e teço nossa história com o máximo de beleza, respeito, boa vontade e bom humor de que posso lançar mão a cada dia, todos os dias.

Mas acredito que Alguém mais olha por eles, de algum

lugar. No fundo, também não acredito numa vida fácil demais, com todas as oportunidades ao alcance das mãos e da estabilidade dos caprichos. Eu quero que eles sofram um pouco. Quero que eles tenham incertezas. Quero que eles não achem todas as portas abertas, esperando que seus pés as honrem com sua presença. E, pra mim, tudo bem se eles não estiverem no topo ou perto dele. Sério, pra mim, tudo bem. Meu dever é, simplesmente, ajudá-los a serem as melhores pessoas que eles puderem ser. E quem tenta o mesmo jura que isso é trabalho mais que bastante para uma vida inteira... Ou mais. Assim, eu sou uma mãe estranha, mais estranha e fora da Matrix que jamais pensei que seria. E pensar que houve uma época em que eu só queria ser igual!

Hoje, com oito anos de maternidade ativa, não sonho mais com os bebês idílicos das capas de revista, que teriam uma fachada perfeita e encantadora. Sonho em fazer das minhas crianças seres humanos integrais, capazes de realmente ouvir, realmente fazer perguntas e escutar as respostas.

Eu sei que ter as crianças superficialmente perfeitas seria muito mais fácil. A opressão está no meu DNA, por séculos de história sociocultural de violência e coerção. Eu não teria esforço nenhum; só faria como todo mundo faz. Mas desse outro jeito... Desse outro jeito eu não vou apenas tornar meus filhos seres mais que de bem, do bem; vou eu mesma me tornar um ser humano do bem.

E, se for pensar bem, o que vale mais nesta vida?

***

Alguém disse que crianças deviam ser bênçãos, não incômodo para os outros. Mas como uma criança vai ser uma bênção na vida das pessoas, e não um incômodo? Como chegar lá? E o que seria um incômodo? Nós não queremos perder tempo com nada, nem com ninguém. Nosso deus é nossa zona de conforto – ela é sagrada; não toquem nela –, e com isso erigimos um altar ao nosso egocentrismo. Meus filhos são uma bênção na minha vida. Ponto. São educados com amor, e é esse amor que impõe os limites de que eles precisam.

Mas eu não os tive para que fossem bênçãos na minha vida; eu os tive para amá-los incondicionalmente, estivessem eles me incomodando ou não. Eu até digo sobre meu filho mais velho: "quando eu não te amo, eu te amo ainda mais". Quando ele me tira da minha zona de conforto. Quando ele me incomoda e me desorienta. Quando ele questiona tudo que eu construí a vida toda com uma frase, um gesto. Quando ele me dá vontade de gritar e eu não grito; de agredir e eu me apaziguo para interagir com ele. Quando ele me decepciona e eu saio da minha decepção para entender o que o moveu àquilo, em primeiro lugar. Quando eu sinto que não o amo naquele momento, mas lembro que o amo para me reconectar com ele, é que eu o amo mais. Que eu o vejo mais. É quando ele é realmente a bênção na minha vida, porque me deixa mais perto de Deus.

Mas se ele fosse inócuo, sem desafios, preservando todo o tempo minha zona de conforto, aí ele não seria minha bênção. Seria meu bibelô... E carregar nove meses, amamentar como uma desvairada, dar minha alma, meus genes e meu sangue por um bibelô? Desculpa, não faz sentido. As bênçãos costumam ser incômodas. Tem a chuva que cai do céu, mas tem a água preservada no solo, que nós devemos cavar a custo de cansaço, lágrimas, sangue nas mãos e suor. Por isso é bênção ainda mais. É dádiva do céu ainda mais, porque, não fosse aquela reserva de água no seio do solo, para ser conquistada a preço de empenho e lágrima, nosso corpo morreria de sede.

Assim são os filhos/alunos difíceis. Precisam ser cavados, conquistados, toda bondade, generosidade e amor deles extraída, como semente atirada na pedra que encontra uma mínima greta de solo em que pode frutificar. Isso é bênção. Isso é o que salva as pessoas. Isso é o que transforma vidas. Esse é o sentido de Deus na Terra. E enquanto alguns escrevem que crianças devem ser bênçãos, não incômodos na nossa vida, eu reverto a questão: devemos nós, que somos adultos, conscientes do amor, de Deus e do nosso papel no mundo, sermos bênçãos para eles, não incômodos em suas vidas.

Saiamos da posição de exigir para a de doar. Afinal, exigir de uma criança não deixa de ser certa infantilidade de nossa parte.

***

Pessoal... Hoje supostamente tínhamos um aniversário para ir. A filhinha da Ana Paula. Cheguei cedinho ao aniversário. Mariles estava ansiosa para ver a professora querida e a Isabelinha. Já fui cedo na esperança de vê-las com menos gente e tirar uns dedos de prosa. E nada da Ana Paula. E nada da Isabelinha. E nada da Cris. E nada de ninguém... E eu pensando: nossa, que será que aconteceu? Comecei a ficar preocupada. O que teria acontecido com a Isabelinha? Ou teria sido com a Ana Paula? Eu lembro que a Isabelinha andou adoecendo bastante, por causa do frio em Poços... Fui preocupando. Mariles quase chorando. A monitora, super legal, toda hora me dava informes do Totó na festa... E aí eu perguntei pra ela:

— Escuta, você sabe da Ana Paula?

— Ela:

— Ana Paula? Quem é Ana Paula? É uma convidada?

Aí a ficha caiu. E acho que minha cara também. Chamei Estêvão:

— Seja discreto. Não me faça um escândalo... Mas acho que estamos na festa errada. Você está vendo algum conhecido?

Ele negou. Depois, voltou com a revelação:

— Mamãe, no bolo tá escrito Camile.

Ok. Qual a regra de etiqueta quando você invade a festa alheia e fica nela quase toda como se fosse direito?

a) Fica até os parabéns, para sair em todas as fotos?

b) Sai o mais rápido possível?

Optei pela segunda opção. Vai que a curiosidade apertasse e alguém decidisse perguntar quem era eu? Bem no começo da festa, um rapaz se aproximou de mim e disse "oi". Eu respondi, mas ele não falou mais nada. Seria o pai da menina? Estêvão ficou preocupado com o presente:

– Mamãe, a gente pega o presente de volta?

– Não, pelo amor de Deus, não faça isso! A gente já entrou de penetra, ainda vamos levar o presente embora? Tentei achar a monitora para pedir que ela apresentasse minhas desculpas à mãe da Camile, mas não a encontrei. Então, se alguém conhecer a Camile, a mãe da Camile, por favor, apresente minhas humílimas desculpas a ela por mim. Eu sei que dizer que eu não vi que estava na festa errada seria a desculpa mais esfarrapada do mundo, mas é a única que tenho...

~ Vou ali mudar de nome e de cidade e já volto ~

CAPÍTULO 21

*Uma vez ouvi que as crianças
pequenas não entendiam bem
a diferença entre pensamento e
fala, entre o que a mãe ouve e o
que os outros ouvem, mas não
levei isso muito a sério.*

Achei que era viagem, uma daquelas coisas feitas sob medida para fazer parecer que crianças pequenas eram mais bobas que o que realmente eram. Pois noutro dia, uma senhora começou a falar com o Cristóvão, de 3 anos. Falou, falou e ele disse, baixinho:

– Eu não quelo talá com eta mulher... Tuque ela é tata e fica apetando minha boteta e eu não goto que apeta minha cala.

A boa senhora na hora parou, super sem graça, e ele disse:

– Mamãe, ela odiu ito?

Eu disse que sim e ele:

– Pentei que tó otê odia o que eu talada... Mamãe, tuque ela odiu, te eu tó talei con dotê?

Desde então, vem com umas teorias super bizarras:

– Te eu talo com a mamá, tó ela podia odí! Não ela pa o Kevo oudi!

Outro dia, gritou com Estêvão porque, teoricamente, ele ouviu o que não deveria. E lá vou eu explicar que, quando a gente fala, todo mundo que está perto escuta. E as perguntas continuam:

– Po que eu pletido abi a boca pala talá?

Aí vem pra perto de mim e fala com a boca fechada, e fica bravo porque eu não entendi. Ver uma pessoa se desenvolver, se conscientizar do mundo que a cerca, é das coisas mais maravilhosas do mundo!

***

Realidades da deficiência visual que são raramente abordadas

Primeiro, o cego não vive nas trevas. Eu sei que isso é poético, é literário, mas não é literal. Explico: muitos deficientes possuem resíduos visuais, permitindo-lhes, assim, em vários níveis, a captação de luz. Outros, contudo, por serem totalmente cegos, não percebem a presença da luz, portanto, não sentem sua falta, de um ponto de vista estritamente sensorial. O olho de um cego que não vê nada sente tanta a falta da luz quanto seu cotovelo, e, não, seu cotovelo não tateia nas trevas.

Outro mito é o de que a deficiência visual acarrete uma deficiência física. Não, nós não somos de louça, ou porcelana, ou seja lá qual material frágil deseje-se colocar na metáfora. Um cego não enxerga, mas ele é capaz de andar com facilidade. Degraus não são um problema em si mesmos e, não, você não precisa pedir para a gente sentar, nem precisa se preocupar quando ficamos de pé. O que acontece é que deficientes visuais comumente são vítimas de um lance super chato chamado superproteção. Por meio dessa violência física e moral, nós somos tão subestimados que muitos apresentam, mesmo, quadros de atrofia física, dificuldades de locomoção que dão a impressão de que advém de um problema motor, mas vêm de abusos psicológicos, de tolhimento físico, de modo que o deficiente carrega dois fardos: o da deficiência visual – e real – e o fardo social, causado e reforçado diariamente, devido à ignorância das pessoas sobre o que realmente significa não enxergar. Ignorância essa encontrada desde a família até, sim, instituições que atendem ao deficiente visual e seus parentes. E, sim, isso é grave. É assustador.

Agora, que conversamos sobre alguns mitos sobre limitações da deficiência visual, gostaria de abordar algumas limitações reais, das quais a maioria das pessoas, também, não possui consciência. Muitas vezes, sequer o próprio deficiente – algumas das características abaixo afetam mais os cegos de nascença; outras, os que perderam a visão depois de adulto.

Ortografia: ok, a pessoa é cega, tem 3 graduações, 2 doutorados e sei lá mais o quê, *mais iscreve mau pra caramba* porque não lê... Ah, mas ele lê! Ele lê livros no celular, no computador e ainda faz uso de audioteca! Pois é, mas ele não lê. Não tem o contato com a palavra escrita. É quando você pode ter um deficiente com o texto super articulado, mas escrevendo "rezolver", por exemplo. E aí, é porque ele é um ignorante? É porque ele não tem o contato com a palavra. E por que ele não tem contato com a palavra? Porque não lê / não sabe o braile.

Claro, o deficiente tem o direito de achar que o braile está obsoleto, que não faz falta, que seu computador é muito mais interessante... Mas, se ele não tiver enxergado antes e não tiver aprendido como se escreve, ele vai cometer erros graves de ortografia. Mesmo que você tenha essa consciência, não é tão fácil assim ler em braile, especialmente coisas que atendam às suas necessidades/expectativas.

O braile é importante, mas pouco acessível. Volumes impressos em braile ocupam um espaço gigantesco, e são difíceis de transportar/armazenar. Uma impressora braile sai bem cara, então, para a enorme maioria de nós, imprimir um texto da internet em casa para ler em braile não é uma opção. A solução seria uma linha braile, um dispositivo que transforma as letras da tela em texto braile, entretanto esses aparelhos ainda são bastante caros, sendo, portanto, inacessíveis à maioria.

Então, sim, uma ortografia deficitária acaba sendo uma realidade decorrente da deficiência, especialmente da de nascença. Um exemplo ilustrativo: eu tive o privilégio de ser alfabetizada em braile, mas com livros muito, muito antigos,

1970 pra trás, mais ou menos. Os mais modernos, estavam escritos com o português de Portugal. Resultado: quando fui me preparar para o vestibular, descobriram que minhas redações eram muito legais, mas escritas com uma mistura do português europeu mais a gramática aceita no Brasil antes do acordo ortográfico de 1967! Assustador, né? Ainda piora... Eu andei lendo umas revistinhas da ONCE – Organización Nacional de los Ciegos Españoles – e ainda rolava uma adesão inconsciente a algumas grafias de lá também.

É complicado falar sem ter um retorno visual de como a nossa mensagem está chegando ao outro. Radicalmente, nem podemos garantir que você esteja nos ouvindo. Então, por favor – por favor! –, pelo menos avise se você for sair de perto, para a gente não continuar a conversa com o vento ou outra pessoa que não tenha nada a ver. Sobre isso, existe uma piadinha infame, mas que ilustra bem essa realidade. Um ceguinho estava sentado num banco de praça com um pacote de bolacha na mão. Estava lá, tentando abrir o pacote, quando sentou-se ao seu lado, sem fazer ruído, uma moça extremamente bonita e ficou lá, olhando para ele. Nisso um rapaz, gaiato, vendo a cena, disse:

– Tá namorando, né, ceguinho?

Ao que este, ciente apenas do seu pacote de bolachas, corrigiu, imediatamente:

– Não! Tou ajeitando pra comer.

Por falar em pacote de bolacha, podemos apresentar dificuldade para realizar ações simples e dar a impressão de que somos incapazes de realizá-las. Não é exato. Simplesmente por não vermos alguém fazer, justamente por não possuir um aporte visual, não sabemos como realizar a ação. Então, o que muitas vezes passa por incapacidade, é resultado da impossibilidade de imitar. Pegou a sutileza? Pra piorar, a maioria das pessoas tira da nossa mão quando percebe nossa falta de jeito – o que é uma pancada na autoestima, sabe? – as mais conscientes perguntam se queremos ajuda e, na maioria das vezes, isso significa fazerem a tal atividade por nós, e não conosco. Resultado: nosso desenvolvimento acaba mais ou menos deficiente, não por uma limitação da deficiência visual, mas por uma consequência social da cegueira.

Outro exemplo prático: sabem aqueles pacotes de salgadinhos? Fandangos, Cheetos e afins? Pois é, pra abrir eu mordia a ponta, abrindo um buraquinho. Daí enfiava o dedo e puxava. Até que descobri que as outras crianças, as que enxergavam, faziam isso muito mais depressa que eu. Mas por quê? Os adultos a meu redor, ou tiravam da minha mão para abrir para mim, ou não diziam nada sobre o estranho fenômeno. Até que, um dia, pus a mão nas de um coleguinha que estava fazendo a atividade misteriosa e decifrei o mistério: ele não precisava morder para enfiar o dedo e abrir; ele simplesmente puxava de dentro para fora, num movimento único.

Outra limitação é que a maioria de nós é tão tolhida que possui pouca consciência corporal. Muitas vezes, quando tentamos fazer movimentos amplos, ou mais enérgicos, somos fisicamente tolhidos, "para nosso próprio bem". Daí decorre que podemos apresentar dificuldade de reconhecimento espacial, de apropriação do nosso corpo, não porque somos cegos, mas porque fomos limitados pelos que estavam ao nosso redor.

Recentemente uma amiga do face me relatou um caso bastante emblemático dessa realidade: um menino cego na escola, ouvindo seus coleguinhas pulando corda, pediu para brincar, alegando que ele sabia pular corda também. Então descobriram que ele basicamente pulava na corda. Não pulava corda como todos os outros. Entendem o que acontecia com ele? Ele deve ter ouvido alguma criança pular corda na família ou na rua e pediu para fazer... E fez como achou que era, conforme ele ouvia, e absolutamente ninguém o corrigiu. Ah, na escola também não o ensinaram a pular corda. Nós sabemos que pular corda é um exercício físico importante para o desenvolvimento da coordenação motora, das habilidades ligadas à motricidade... Bem, aquele menino cego estava excluído disso, não pela sua deficiência, mas pela indisponibilidade, protecionista ou não, de todos ao seu redor: família e escola.

Agora, me digam, isso é ou não é mais triste que ser cego?

Nós não enxergamos, portanto, não vemos as expressões. E, portanto, muitas vezes, não conseguimos fazer ou mesmo controlar nossas expressões. E isso é bem chato. Eu só fui perceber nos livros a enorme variedade de expressões que um rosto humano é capaz de produzir – sim, eu não sabia. E perguntei, em várias ocasiões, coisas como: "como é 'dar de ombros'?"; "como é 'revirar os olhos'?"; "o que significa erguer as sobrancelhas?". Já perguntei até isso no face, talvez alguém recorde. De outras vezes, soube que meu rosto expressava muito mais do que eu gostaria de trazer a público, o que foi constrangedor. Como você faz pra pensar sem expressar? Isso, acho, as pessoas aprendem naturalmente. Muitos de nós jamais aprendemos, porque dificilmente alguém aborda isso conosco.

De outras vezes, eu quero me comunicar não verbalmente. Expressar solidariedade, empatia, asco, pedir silêncio. Mas não posso. Não sei como. Nunca me ensinaram e eu não aprendi. Muitos de nós somos extremamente verbais, na tentativa de expressar conteúdos internos, que outras pessoas usariam todo o corpo para expressar. Claro que existem atividades que ajudam a quebrar esse contexto: teatro, dança, atividades artísticas que ampliem a consciência corporal, que trabalhem com a expressividade do rosto... Mas uma minoria de nós tem acesso a essa possibilidade. Muitos ficam tímidos de fazer isso em ambientes normovisuais, porque somos tratados com tanto espanto e estranheza que pode ser devastador. Sim, devastador.

O meu objetivo aqui é humanizar os deficientes, desmistificando a deficiência. Acredito que só assim vamos começar a fazer inclusão de verdade.

***

– Mamãedinha boazinha, bulitinha, pula pula tem palá... – Cristóvão me chamando.

***

Mariles rezando:

– Querido Jesus, abençoa papai, a mamãe, a Ana Paula, o Totó, o Beth, todas as pessoas tristes... Deus, abençoa o Jesus. Assim seja.

– Mariles, como é isso de Deus abençoar o Jesus?

– Todo mundo reza pra Jesus, mas alguém tem que rezar por ele também.

***

Cristóvão rezando:

– Quelido Jeduis, bentoa papai, mamãe, meus irmão... Bentoa o píncipe han, pa ele palá de matá... Bentoa o teu maduga, pa ele palá de batê nas kiantas. Tim tea.

***

– Mamãe, tabe po que a Elsa bigou com a Anna?

– Ahn, por quê?

– Puque ela canta muto alto.

***

– Mamãe, tabe puque eu goto mais do cocolicó que da Galinha Pintadinha?

– Ahn, por quê?

– Porque no cocolicó eles tabalha, conversa, puteia (passeia). Na galinha Pitadinha eles só pula e canta, não faz nada.

***

– Aí, mamãe, ele me chamou de burro, só porque eu errei uma coisinha...

– Chamou, é? Explica pra ele que quem sabe mais na sala

é a professora, e que nem ela pode chamar os outros de burr...

– Mamãe! Como eu vou amadurecer se a senhora quer decidir até o que eu vou responder?

***

Crianças normovisuais criadas por cegos e sua relação com a deficiência dos pais

Uma das primeiras perguntas que nos fazem é: "as crianças se aproveitam da deficiência de vocês?". Até hoje, nunca. Na verdade, eles perceberam a nossa deficiência desde bebezinhos, estou falando de meses. Como eu sei? Por exemplo, quando a gente dava a comida, eles pegavam a nossa mão e com a colher e empurravam para a boca. A nossa conduta era colocar uma mão perto da boquinha deles e usar ela de guia, mas eles, com uns 7, 8 meses, já levavam a nossa mão à boca deles. Claro que quando a gente delegava a tarefa a outras pessoas, eles paravam de fazer isso. Acho que eles sentiam nossa diferença, mas tinham dificuldade de compreender a diferença quando outras pessoas não a tinham. Sei de relatos de mães que estavam procurando coisas e, sem pedir, seus filhos de menos de um ano as colocavam em suas mãos. Isso, sem pedir. Então, sim, eles sabem.

No esconde-esconde, os meus sempre se tocaram que o ponto era a imobilidade, não a originalidade do esconderijo. Instinto. Então, sim, quando eles não querem ser encontrados, simplesmente ficam imóveis. O problema é quando eu não sei que eles estão brincando e fico louca, procurando-os pela casa. Aqui, como em outras famílias que eu conheço, a gente não esconde aquilo que está sujeito à disciplina e, não, eles não pegam. Tenho uma grande amiga que tem 3 filhos, dois deles pré-adolescentes. Quando não é permitido usar o celular, ele fica no lugar de sempre, e eles realmente não mexem. Não sei com certeza se isso está ligado à forma da educação – muita conversa, violência mínima possível – ou ao respeito deles com a deficiência. Gosto de pensar que o primeiro gera o segundo. Respeito gera respeito.

É lei da vida.

Quando saem comigo sozinhos, eles são impressionantemente calmos; quando tem um enxergante por perto, eles fervem. E, sim, fervem a ponto de eu não dar conta. Nem o enxergante. Lembro que um dia recebi o seguinte relato: estava no médico com a Mariles e o Estêvão pequenininhos. Eles estavam brincando com os brinquedinhos do consultório. Eu chamara um táxi para nos buscar. Quando estávamos saindo, eu disse: Estêvão, Mariles, agora vocês vão juntar um pouco disso aí. Não pedi; não mandei. Não gritei. Só determinei. Diz o taxista que todo mundo me olhou com um olhar de "vai pensando...", e depois de surpresa quando eles simplesmente obedeceram. O detalhe é que, em um lugar amplo daqueles, com pouco tempo, eu simplesmente não teria como obrigá-los a cumprir. Mas, de novo, não sei quanto isso é do nosso relacionamento ou apenas da deficiência. Mariles teve uma crise quando uma ilustre desconhecida deixou claro numa manhã de Sol que não era seguro eu cuidar dela. Isso a abalou por uns dias. Depois, ela entrou numa fase de interrogatório sobre a deficiência: "Como é não ver?"; "Como a senhora sonha?"; "Como a senhora vê o sol?"; "Por que as pessoas acham que a senhora é boba?"

Estêvão se incomoda, às vezes: "Mamãe, tem uma pessoa olhando muito pra a senhora, e eu não estou gostando."; "Mamãe, eu não gosto que as pessoas olhem com pena da senhora ou de mim.".

Outra mãe deficiente pontuou a mesma questão: do filho ficar incomodado com os olhares das pessoas para ela. Também existe um pensamento, alimentado, inclusive, por alguns deficientes, de que filhos sejam um tipo de investimento a médio/longo prazo em guias/acompanhantes cuidadores. Uma vez, uma cega me disse: "não entendi porque você teve um terceiro filho: a segunda já era menina, você já tinha sua bengalinha". Quando Estêvão nasceu, muitos disseram: "que pena, podia ser uma menina pra te ajudar". Outros discordavam: "foi bom ser um menino. Vai poder dirigir pra vocês, carregar compras". E quando Mariles nasceu, vaticinaram: "ah, que bom! Logo, logo ela vai estar cozinhando pra vocês!"; "Com uns 7 anos já dá pra começar a arrumar uma casa"... Eu os incentivo a realizar atividades domésticas, não para nos ajudar, mas porque acho importante eles se sentirem parte da organização da casa em que moram. Creio que isso fortalece até os vínculos. A coisa toda pode parecer natural para quem vê de fora, mas para nós, soa muito estranha. A função dos nossos filhos não é nos servir, em função da nossa deficiência. Nós nos servimos mutuamente. Nos ajudamos e nos amparamos, procurando compreender as necessidades de cada um e ajudar a crescer. E, sim, isso vai muito além de ajudar porque os pais são cegos.

Eu fico louca quando estou de bengala, meus filhos vão correndo brincar em algum lugar, algo perfeitamente acertado entre nós, e alguém os manda voltar, para ajudar a mãe deles. Isso é muito íntimo! A função de me avisar dos degraus e afins é da bengala, não dos meus filhos. Tenho certeza de que eles me ajudarão em tudo que eu precisar, mas não é de nenhum modo minha intenção transferir para eles responsabilidades que são minhas e a satisfação de necessidades que eu posso suprir de outra forma. E, não, isso não é orgulho. Trata-se de respeitar o espaço e a autonomia de nós dois. Sim, é complicado interferir numa estrutura que já está lá, que você está observando de passagem. Acredite, você não sabe como funciona. E, normalmente, o nosso relacionamento com os filhos é tão íntimo que, quando realmente necessário, a gente nem precisa pedir.

Lembro um dia, numa festa de aniversário. Eu sozinha numa mesa – não conhecia ninguém. Como sempre, orientei: "Brinquem à vontade. Se alguém bater em vocês ou um de vocês baterem em alguém, me chamem. Se alguém se machucar, venha até mim, ou peçam para alguém me levar até lá. Não estraguem as coisas da festa e os parabéns, lembrem de trazer um docinho pra mim" – porque, sim, muitas vezes, em buffet, acaba tão rápido, que eu nem tenho chance de provar. Eles foram brincar no salão em torno e eu fiquei lá, sentada. Daí, comecei a ter uma... dor de barriga fenomenal. Eu não fazia a menor ideia de pra onde era o banheiro, nem onde estaria alguém a quem poderia pedir. O som estava alto, então, nenhuma chance de eu pedir ajuda de algum deles. Fiquei sentada, esperando, ou a dor passar, ou alguém aparecer, tipo um garçom, talvez; quando Cristóvão, à época com dois anos, apareceu, com os outros dois ao lado.

– Mamãe, Totó disse que a senhora tava precisando da gente. O que foi?

Depois, em casa, perguntei pro Cris como ele tinha sabido que eu precisava de ajuda, e ele disse:

– Eu to teu tilhinho.

Sei de irmãos que foram tão sobrecarregados com irmãos deficientes que simplesmente não desenvolveram a identidade, a noção do que queriam ou não, de aonde queriam ir ou não, como se as próprias fronteiras do ego tivessem se confundido no processo. Então, para mim, isso de criança ajudando é importante, até para o seu desenvolvimento como ser humano, mas é preciso ser levado com cuidado, discernimento e muita, muita delicadeza.

Uma vez li que nada é mais aterrador para uma criança que sentir que é responsável pelos pais. E, sim, ajudar é diferente de responsabilizar. Estêvão andou numas de pedir desculpas se eu tropeçava, e eu dizia:

– Por quê? Você me empurrou?

Ele:

– Não, mas eu não vi.

Eu:

– Eu também não. Deu empate.

Ele:

– Mas eu tinha que ter visto.

– Não. Você não tinha. Eu não pedi pra você observar. Eu estava de bengala e todo mundo tropeça, Estêvão. Sua mãe também, e tá tudo bem. Não é nenhuma catástrofe.

****

As crianças são simples, mesmo as "complicadas". A gente que, muitas vezes, piora as coisas. Como quando mentimos para elas, para encurtar caminho, e acabamos pondo tudo a perder. Porque se ela não saca, a estamos enganando, ainda que com os melhores fins; mas se ela se toca, a situação é terrível para seu emocional. E, muitas vezes, para nós também.

Da minha infância, hoje recordei um episódio, que nem foi protagonizado por minha família direta, embora talvez ela tenha sabido, mas não tenha apresentado oposição por não saber como contradizer, não sei. Em se tratando de crianças, às vezes tudo é muito rápido. Sei que marcou, justamente por ser incomum. Nós estávamos na praia e eu estava, com a inconveniência que só as crianças têm, mexendo em um rádio quando, de repente, o som foi desligado. Perguntei o que tinha acontecido e a resposta veio, rápida: "Acabou a luz". Ao longe, a televisão continuava ligada e eu podia ver as luzes acesas. Fiquei tão triste, que nem consegui chorar. Tinham mentido para mim e, não, eu não poderia dizer aquilo em voz alta. Violência dupla: me sentir enganada e saber que não poderia reclamar. Nunca falei disso com meus pais. Nem sei se eles souberam e, de qualquer forma, tantos anos passados, não importa pelo que foi, mas importa como experiência de vida, lição de empatia.

Isso me voltou hoje, com toda força, quando vi aquele menininho. A mãe tentava convencê-lo a fazer um exame de imagem qualquer. Dizia:

– Vai! Vão tirar uma foto sua da hora! Todos os seus colegas já têm! E vai emoldurar! E vai colocar no quarto!

A incredulidade dele foi nítida para mim. Ela continuou:

– Você sabia que o cara do exame dá um celular para todos os meninos corajosos que vão lá?

Aí ele começou a chorar. Talvez estivesse pensando que seria uma coisa muito terrível para a mãe lhe contar uma mentira grande daquele jeito. O fato é que, pela primeira vez, ele me pareceu com medo. Não medo do exame, mas medo da mentira da mãe, da realidade aterradora que estava oculta por trás daquelas palavras. O menino então saiu correndo. A mãe disse um "deixa pra lá, a gente faz outro dia" e foi no seu encalço. Fui atrás, sem saber nem por quê.

– Você é um palhaço! Palhaço! Eu estou morrendo de ódio de você. Você não tem mais idade pra fazer uma palhaçada dessas!

Os dois parados no meio da rua. Eu com a bengala, a coisa de meio metro. O menino soluçando, ela furiosa, prestes a explodir. Eu procurando uma forma de desarmar aquela bomba no meio do passeio público, e não me ocorria nada, nenhuma intervenção delicada, gentil e que não soasse imperdoavelmente invasiva.

– Você mentiu pra mim!

Ele gritou o que eu silenciara tantos anos atrás, e ela lhe bateu. Não sei onde. Não vi. E me senti culpada por estar aliviada por ter sido privada dessa parte.

– Nunca mais repita isso! Eu faço tudo por você! Eu te dou tudo que você quer! E você fica dizendo uma coisa dessas!

Choro. Mais pancadas. Meus olhos também se enchem de lágrimas. Nenhuma ideia aparece. Dou as costas e volto para trás, sabendo que perdi muitos pontos comigo mesma. Fiquei me perguntando... será que ela simplesmente pediu para ele? "É seguro, muita gente faz isso todos os dias aqui, vai acabar logo e não vai doer. Vamos?"; "Eu entro com você, eu prometo que não vai doer e vai acabar logo. Vamos?"; ou, em último caso, "Eu sei que você está com medo, e nós não estaríamos aqui se não fosse necessário, por isso nós vamos fazer. Confie em mim.". Fim. A Verdade é mais bonita, mais prática e indolor... Mas quão longos e tortuosos são os caminhos até ela! Como nós a abandonamos por pouco! Como não confiamos nela!

Eu queria ter sido capaz de acolher aquela mãe. Eu sei que ela queria fazer o certo... Mas também sei, por experiência própria, que tudo é rápido demais. As urgências, as contas para pagar, os filhos que pedem mais que o que a gente pode dar, a raiva que sobe em espirais flamejantes por dentro de nós, e então precisamos de toda força de vontade para não erguer a mão para bater, a fim de silenciar aquele que parece gritar com suas mãos, com seu verbo, com sua ingenuidade o nosso próprio horror diante do nosso fracasso, da nossa incompetência, da nossa inexperiência em fazer o belo com o nosso amor por nossos filhos, que é tão grande, que é tão gigante, mas também tão frágil.

Tradicionalmente, o caminho mais fácil também é o mais estreito, e fazer a coisa certa inclui abrir os olhos para tanta dor dentro de nós que pode fazer-nos desejar ter os olhos cegos para não a perceber. E a dor por tudo isso é tanta que é preciso muita força de vontade para não erguer a voz e as mãos, e mais força de vontade ainda para não julgar quem o faz; para ver a dor além do gesto.

Naquele momento, eu fui os dois: a mãe descompensada batendo no filho no meio da rua e o filho aterrorizado ao perceber que sua mãe lhe mentira e ele não podia fazer nada a respeito. Eu era os dois e era eu, a um só tempo expectadora e protagonista, e, ainda assim, como naqueles recuados anos da minha infância, completamente impotente diante da violência. Isso é o pior dela: o dom que tem de nos paralisar. De esvaziar nossa mente. E, como a vida fala, hoje, do nada, um conhecido me disse:

– Você é uma pessoa legal. Você é uma... Como que se diz mesmo? Pacificadora.

Vontade de chorar novamente. Não sou não. Sou omissa, como quase todo mundo.

***

Um grande desafio? Ouvir que tudo para mim é um grande desafio. Fica a reflexão, com todo carinho e respeito que posso reunir. Dizer que tudo pra a gente é um "grande desafio" é uma mostra também de preconceito. Por que nada pode ser simples, usual, comum? Eu não mato um leão por hora. Não acho que tudo seja terrivelmente difícil, e não é porque seja super positiva, é só porque, realmente, minha deficiência influencia muitíssimo menos que as pessoas pensam, e ouvir quanto influencia tanto assim, às vezes, dificulta. É uma etapa a mais que eu tenho que vencer.

Acredite, não é um grande desafio para mim, você pode ficar sossegado, eu não vou cair, não vou cometer assassinato por engano, não vou fraturar um osso, não vou me matar, nem vou desabar se tropeçar. Podemos passar para a vida real agora? E muitas vezes não podemos. Eu tenho que repetir, repetir, repetir, até, por vezes, cansar, porque é um desafio grande demais simplesmente convencer algumas pessoas de que está tudo bem e não há desafio nenhum, exceto aquele que envolve a minha paciência contra a dificuldade da pessoa de parar de imaginar e pagar pra ver.

Daí geral, quando vai perguntar, especialmente pra entrevistas, começa por: "Qual foi seu maior desafio?". A gente não deita na cama e pensa: "caramba, qual foi meu maior desafio hoje?". A gente deita e dorme. E não fica pensando, ao realizar as atividades mais simples: "Oh, este é um grande desafio. Conseguirei?". A gente vai lá e faz. E se acerta, boa; e se erra, procura outro jeito. E às vezes consegue adaptar; às vezes não, mas e daí? É assim pra todo mundo, e enquanto uns tem mais dificuldades por serem deficientes, outros têm por transtornos mentais, outros, por falta de grana, outros por zilhões de motivos.

A maioria das coisas é realmente simples para nós; o que não é simples, pode ser facilitado com auxílio tecnológico ou de terceiros. E, de verdade, é muito chato ser sempre aquela pessoa que, oh, uff, supera grandes desafios, escala um pico nevado por segundo, aquela que merece a admiração geral por estar viva e não ter cortado os pulsos só porque não tem tudo o que quer; sabem por quê? Porque esse super herói não existe. E, acreditem, eu existo. E gosto muito de existir. E se vim pra esse mundo, foi pra ser real.

Às vezes, acho que rola um pouco disso. A maioria das pessoas acha que tudo lhes seja devido. Que querer lhes dá o direito/dever de poder... E nem sempre é assim. Às vezes, querer e lutar não basta, e a deficiência ensina isso. E, de verdade, tudo bem, porque, na vida real, as pessoas vivem assim mesmo. Esse mundo comandado apenas pelos vencedores, pelos que não têm problemas, pelos que só receberam sim da vida, não existe, a menos que você tenha tomado alguma coisa pra entrar numa realidade paralela. Então, tamo junto, e qual é a grande diferença? Eu não acho que tudo me seja devido. Acho que recebemos certo número de cartas da vida, e que é legal tentar alimentar as nossas apostas, tanto quanto puder. Eu faço isso. Às vezes ganho, às vezes perco, mas sempre estou correndo atrás.

Muitos problemas não consigo resolver, e digo que a enorme maioria deles não tem a ver com precisar usar uma bengala, da qual eu gosto muito, na verdade... Mas quando não consigo resolver uma coisa, ou preciso esperar que o tempo dê a sua cartada, simplesmente passo pra outra que possa resolver, ou tento ajudar pessoas e minorar suas dificuldades, já que a vida nunca me privou de alguém que me ajudasse com as minhas, ou me descabelo pra, mais tarde, seguir. E vida segue.

Os meus grandes desafios não estão em cuidar de uma criança, levantar um peso, fazer uma refeição; estão em me conscientizar da violência do mundo, sem permitir que ela me corrompa; estão em desenvolver meus potenciais intelectuais, sem permitir que eles me corrompam; estão em crer e respeitar quem não crê; em andar e respeitar quem estaciona; em respeitar quem é diferente de mim, sem querer que ele vire uma cópia das minhas percepções. E, sobretudo, em explicar para as pessoas que todas as outras pessoas, inclusive eu mesma, somos, no fim de tudo, apenas... pessoas.

Nós lutamos pelas mesmas coisas, sentimos falta das mesmas coisas, partilhamos as mesmas experiências temporais e planetárias e, no fundo, lá no fundo, temos os mesmos sonhos. E, acreditem, esses desafios são absurdamente pesados para mim, porque transformam quem eu sou em alguém que não sou ainda, e me conscientizam de toda minha limitação emocional, moral e pessoal, de modo que minha limitação física óbvia, que tanto impressiona as pessoas, vira troquinho. Daí perguntam:

"ah, mas você não fica revoltada?". Às vezes é difícil, pelos motivos que eu já descrevi. Mas, em geral, acho que recebi tanto que não tenho motivo pra reclamar... Eu sinto muita gratidão. Uma enorme gratidão, e ternura também, por tudo que eu tenho, por todas as pessoas que me amaram e me amam, pela minha história, pelas coisas que aprendi, muitas vezes depois de ter errado pacas, e não estou falando de passar uma camisa a ferro sem me queimar... O meu buraco é mais embaixo. A minha zona de testemunhos é bem mais embaixo. Meu score pessoal de derrotas e vitórias não se resume ao que minha deficiência me impede de fazer ou não.

Eu lembro muito de Hellen Keller e, sem querer me comparar, entendo muito o lado dela. Ela estava pronta para escrever sobre outras coisas, para fazer outras coisas, para trilhar outros caminhos, mas a surdez-cegueira dela era um tipo de âncora que as pessoas usavam para a manterem sempre no mesmo lugar. Conheço deficientes com ideias lindas, potenciais maravilhosos, que são, realmente, um exemplo de vida. Mas, embora os deficientes sejam eles, os outros que são míopes para a pessoa que realmente se esconde atrás daquele corpo comprometido.

E eu estou aqui, agora, e estou levantando voo, não no sentido de ser melhor do que ninguém, mas minha vida tá seguindo, e ela é linda, ela é maravilhosa, ela é plena, porque tem desafios pra caramba, desafios intensos, reais, pungentes, e eu estou correndo para fazer parte de todos eles. Vencendo ou não, estou aberta, estou aprendendo, estou crescendo... E todo mundo que ainda está fixado em que escovar os dentes pra mim é um grande desafio, tá perdendo o melhor do espetáculo. Espetáculo, sim. Porque querem nos convencer de que espetáculos dão os vencedores, aqueles que aparentam vidas perfeitas, que têm uma conta bancária invejável, que possuem corpos perfeitos, preferencialmente planejados cirurgicamente, que são prestigiados por quem parecem ser.

Mas eu acredito firmemente que damos espetáculo todos nós que pensamos, que, para formar opinião, procuramos ouvir os dois lados, que arriscamos, que investimos, que fazemos perguntas, que amamos sem medo nem vergonha, que abraçamos nossas bandeiras porque elas nos caem melhor que qualquer grife, que, certos ou errados, olhamos a vida de frente, sem vitimismo nem mimimi, porque, digam o que disserem, acreditamos que a vida é justa e não deixa troco a ser conferido, mesmo que nem sempre consigamos ver o que realmente está acontecendo.

É essa a tomada de posição que a hora nos pede. É essa a realidade dos grandes desafios. É nisso que estou engajada. É isso que é difícil.

***

Hoje estava eu no parquinho com minhas crias e veio uma mãe, respeitosa, perguntar. Antes ela estava lá com os filhos dela, me ofereceu ajuda umas duas vezes, na boa mesmo, ajudou o Cris numa hora que eu tava com a Ma, mas tudo na boa, sem nenhum problema. Daí ela vira e pergunta:

– Posso perguntar, você não se ofende?

Eu disse que não, mais por curiosidade que por convicção.

– Como que você consegue?

E havia realmente sinceridade na voz dela. Não era aquela curiosidade vazia de quem te pergunta coisa da tua vida íntima na rua, na chuva e na fazenda e acha que você tem a obrigação de abrir tudo. Então eu respondi.

– Então... imagina que você quer muito fazer uma viagem. Você queria mesmo ir de primeira classe, executiva, mas só pode ir na econômica. Ou, às vezes, junto com as bagagens. Mas é isso ou nada, e você não é boba de ficar sem nada. É isso. Você tá na primeira classe. Aproveite. Eu tou na econômica, mas tou viajando também.

Acho que expliquei, mas me senti daqueles gurus de autoajuda, humpf.

CAPÍTULO 22

*Quando a gente tenta educar sem
violência, às vezes é enlouquecedor.*

A liberdade que lhes damos contrasta com as prisões que nos impuseram ou impusemos a nós mesmos. Todo o tempo precisamos desautomatizar, sentir, fruir, presentificar, contextualizar. Ontem foi um desses dias. Estava colocando Cristóvão para dormir. Ou melhor, tentando. Foi uma loucura colocar a roupa nele, porque não parava de correr pelo quarto. E, quando finalmente o fiz, ele não deitava na cama. Peguei a pequena criatura e basicamente a depositei na cama, naquela linguagem corporal que diz "fique aí agora!". Ele captou perfeitamente a mensagem e disse:

– Eu só vo tazê o ti eu tiser!

Ok. Pausa. O que eu faço agora? A resposta automatizada era: "Você faz o que eu quero! E agora você vai dormir!". Mas eu me lembro de mim mesma, tantas vezes incapaz de reconhecer o que eu quero. De tantos adultos, assolados pela indecisão, incapazes de reconhecer e administrar os próprios desejos, e então recuo. Eu sei que só fazer o que quer não é um luxo a que temos direito sempre, nem é lícito ou seguro. Mas deslegitimar totalmente esse instinto também não é. Ele reconhece claramente o que quer e quer lutar por isso. Esse impulso precisaria ser controlado, não coibido. O impulso não está errado; a intensidade é que está.

Fico parada, enquanto ele saltita pela cama e os meus pensamentos saltam pelo meu cérebro. O que eu faço agora?

– Claro, claro. Você só faz o que você quer. E o que você quer?

– Bincar!

– Tá. Brincar. Mas daqui a dez minutos você vai querer dormir?

Ele para e pensa...

– Daqui há dez miutos? É munto ou pouco?

– É suficiente.

– Então tim, tim!

Depois dos dez minutos, ele simplesmente deitou na cama e dormiu.

Muita gente pensa que vida de mãe que tem a meta de não bater e gritar o menos possível é um mar de rosas. Que os filhos são anjos tutelares que nunca brigam e que essas mulheres são incapazes de perder a paciência. Não é bem assim. Acho que é tudo uma questão de olhar.

A gritaria começou, pareceu-me, de uma vez só. De repente estavam os dois aos berros, e era mesmo difícil entender quem dizia o quê. Mariles, de 6 anos, berrava com todo seu poder vocal:

– Eu não gosto porque ele sempe mexe nas minhas coisas! Ele é o pior irmão de todo o universo! Eu nunca vou parar de gritar! Nunca vou parar de lutar pela minha bolinha!

Cristóvão, de 3, apenas respondia, com todo seu poder vocal:

– É minha! É minha! A bolinha é miiiinha!

Me aproximei e deixei o auê começar, até mesmo pra entender o que estava acontecendo.

– Me dá ela aqui! – berrou Mariles – Dá aqui, senão eu vou tomar de você!

E como fizesse menção de unir intenção e gesto, avançou para ele, que, mais que depressa, pisou na bolinha, destroçando-a. A gritaria atingiu níveis cinematográficos, enquanto eu tentava impedir, literalmente às cegas, que eles voassem um para cima do outro. Desenrosquei os dedos da Mariles da blusa do Cristóvão, perigosamente perto do pescoço; retirei os dedos do

Cristóvão dos cabelos da Mariles, e os fios que saíram das mãos dele também. Todo meu instinto primitivo mandava atirar um em cada banheiro, isso para não bater, é claro. Mas eu ainda não tinha entendido bem o que tinha acontecido. Peguei os dois e coloquei no colo, um em cada perna, cuidando para que não começassem a se atracar novamente. Eles choraram. Choraram e choraram e choraram e choraram. Quando a tempestade diminuiu, perguntei:

– Mariles, me diga o que aconteceu.

Ela contou a sua versão:

– A mamãe deu uma bolinha pra mim e outra pro Totó. Eu não queria misturar. Então bincava e guardava sempre na minha gaveta. Aí, hoje, o Totó veio, abriu a minha gaveta, pegou a minha bolinha e disse que era dele. E eu nunca mais vou ver ela, porque ele quebrou.

Recomeça o choro, como se alguém tivesse morrido.

– Totó, me diga o que aconteceu.

– Aí, a minha bolinha tumiu. Eu fui poculá e achei no guarda-roupa da Mariles. Aí a Mariles quis pegar de mim. Eu ia prender ela no meu pé, mas aí ela quebrou.

Chora.

– Mas, Cristóvão... era a bolinha verde?

– Tim...

– Essa bolinha tá comigo, na minha bolsa. Lembra que você me pediu pra guardar no clube?

***

Assédio sexual é assim: se você não fala nada, é porque está gostando; se você fala, está fazendo um escândalo, está maldando o carinho da outra pessoa, não precisa ser barraqueira desse jeito, ele não estava fazendo nada demais, era só uma brincadeira, ele é um homem de bem, um pai de família, você está sujando a imagem dele. Como assim? A mulher pode dar, claro, e muito, e de preferência pra vários, e sem peso na consciência, claro. Somos modernas, donas dos nossos corpos e da nossa sexualidade...

Mas ai de nós se não quisermos; ai de nós se acharmos que um toque pegou mal. Ai de nós se estivermos no lugar errado e na hora errada. E daí o povo diz que tem que se dar ao respeito, que tem que ser bem comportada, bem composta. Besteira. Se o problema tá no outro e em toda a estrutura social que não só pare, mas amamenta esses doentes em livre demanda, não existe nada que você possa fazer pra se proteger. Fato. Freiras castas e isoladas do mundo são violadas. Crianças que não sabem de nada, mas vivem protegidas dentro de casa, são assediadas e violadas.

A mudança possível está na exposição. Olha, é abuso se eu acho que é abuso. É assédio se eu não pedi e não tive a liberdade de dizer "não". Não importa quem você seja. Não importa onde eu esteja. Não importa quem ache que eu pedi, ou que eu exagerei. O corpo é meu. A medida da agressão está em mim, não em você. Sexo é bom, é do bem, mas só se os dois estiverem de acordo em como, quando, quantos e por quanto tempo. Passou disso, não é mais bom; passou disso, é abuso. É assédio. É estupro. E não existem justificativas. Não é não. Pare é pare. E quem discordar, é cúmplice. Simples desse jeito.

Como eu digo pros meus filhos, de 3, 6 e 8, só é brincadeira se todo mundo estiver se divertindo. Meus filhos, criancinhas pequenas, entendem isso. Como adultos têm tanta dificuldade de entender?

***

Totó grita em voz alta:

– Qué taí do banho!

E eu respondo, super séria:

– Ih, filho, hoje não vai dar. Hoje é o dia de você dormir no balde.

– Dormir no bolde?

– Sim, claro. Hoje é o dia internacional das crianças dormirem no balde. Hoje, por todo o mundo, crianças que tomam banho com balde devem dormir neles, para provar seu carinho por esse objeto tão marcante em suas vidas

– E como eu vou me combrir?

– Com uma toalha sequinha.

– E eu vou dormir pelado?

– A tradição permite sunguinha de praia, se a criança quiser.

– Eu vou dormir no banheiro?

– Claro! Assim você também vai demonstrar seu carinho pela vida aquática.

– Tá bom.

Toalha estendida na direção dele:

– Vamos sair?

– Não. Vou domi no balde!

– Eu tava só brincando! Isso não existe!

– Mas agora eu vou domi no bolde.

– Tudo bem. Vai dormir no balde, só que sequinho e no quarto, certo?

– Tá. Sequei a criatura, sequei o balde, vesti e ela foi lá pra dentro, feliz.

– Mamãe, eu vou domi no bolde?

– Se você quiser...

~ Nota: ele saiu do balde, 10 minutos mais tarde. ~

Entrevista com Joyce Guerra, pela prefaciadora Monica d'Ávila

1. Quando, como e por que você começou a escrever?
Eu comecei a escrever quando aprendi a escrever, pelo que me lembre. Por quê? Nem sempre precisa de um porquê.

2. Escrever em rede social e ter o retorno do interesse ou da influência disso sobre as pessoas mudou o seu jeito de escrever?
Penso que gratificou, mas não mudou. Por muito tempo eu tive blogs que não divulgava muito, e eram textos bem parecidos. Mas é claro que nos sentimos motivados por saber que podemos afetar positivamente as pessoas.

3. Como a comunicação não violenta entrou na sua vida e como você descreve o quanto ela mudou a sua vida?
Quando eu percebi que os métodos tradicionais não funcionavam, nem ajudavam no vínculo, nem na qualidade de vida. Era para eu ser feliz tendo um casamento estável e um filho saudável, mas eu vivia irritada, frustrada, com um sentimento de impotência.
A proposta de uma educação não-violenta fez a diferença aqui. Influenciou positivamente, não apenas a maternagem, mas todos os outros relacionamentos. Fez com que eu realmente passasse a me conhecer e trabalhasse em mim aspectos mal resolvidos.

4. Como ler em braille, ouvir audiolivros e ler nos meios eletrônicos influenciou na sua forma de escrever?
Ninguém é capaz de realmente escrever sem ler. Não dá pra ser um escritor, nem mesmo dos medíocres, sem ser um leitor voraz e eclético. Na medida em que lemos, descobrimos a nossa voz.

5. Como você se sente com os seus seguidores nas redes sociais?
Eu não acho que seja grande coisa. Eu não sou nada. Sou só alguém que fica falando das coisas em que acredita, como milhares de outras pessoas. Eu não fico ligada em quantas pessoas curtiram meus posts, quantos compartilharam. A maioria dessas pessoas não me conhece de verdade. Mas fico feliz quando elas dizem que algo que eu escrevi as ajudou, é claro. Mas tenho a perfeita consciência de que foi o conteúdo, não eu. Fico feliz por ter sido capaz de expressar o conteúdo, mas fico feliz quando percebo que a admiração se foca mais nas ideias que em mim mesma. Eu não espero que as pessoas digam: "BAH, Jobis, tu é demais!", porque eu sei que tudo tem mil lados... Mas se alguém diz que ficou feliz, que se sentiu mais capaz de escrever sua história, daí eu também me alegro, mas sempre tendo em mente que o mérito não é meu, mas da pessoa.
Afeta meu jeito de escrever no sentido de me fazer encontrar um tom cada vez mais afetuoso... Porque eu mereço isso... E as pessoas também. Então se eu acho, por exemplo, que as mães deveriam passar mais tempo com seus filhos, não vou escrever um post detonando as que, supostamente, passam pouco tempo; não vou dizer que elas estão erradas e que não se dedicam. Vou contar de um dia em que eu estava cansada e frustrada, e daí tive um instante de troca com minhas crianças e isso fez a diferença. Aí, talvez, uma mulher que leia isso se sinta tocada e encontre maneiras de se conectar ao seu filho. Nesse caso, o trabalho é todo dela, a história é toda dela. Eu não julgo, eu não aponto, eu não dito regra pra ninguém... Eu posso falar de mim - o que eu acho, o que eu penso, o que eu sinto, onde eu erro, em como, caramba, aquela situação foi resolvida pela não-violência, e que funcionou e eu fiquei espantada! - mas não tenho o direito de julgar uma pessoa que eu nunca vi, de dizer que ela está errada.. Isso seria loucura!

6. Você é muito descritiva quando escreve e fala. Você imagina as cores, as imagens, como isso funciona?
Eu vejo cores. E sinto as imagens. Eu não imagino as imagens,

porque não tenho nenhum referencial. Eu absorvo a experiência de ver ao ler e incorporo isso a minha escrita. Mas é um simulacro. Minhas descrições são mais poéticas que objetivas, e não por acaso. Ao descrever, ressignifico as coisas, não transcrevo nada.

7. Como fica a questão de equilibrar a não-violência com a agressividade normal do ser humano? Ou onde é o limite entre a não-violência e a apatia?

A não-violência não significa negar a agressividade; significa entender o que ela está te dizendo. Se você não tem qualquer consciência do processo, segue no automático: se uma pessoa pisa no seu pé, você pisa de volta, empurra, agride verbalmente. Você tem um estímulo e segue o instinto, fielmente. Quando você tem alguma proposta de conhecimento, de burilamento, de não-violência, que seja, vai pensar antes de agir. E pode até não reagir de forma violenta, mas vai reagir.

Você não vai ser um joguete das próprias emoções, especialmente da ira, nesse caso; você pode conseguir se separar dela e interpretá-la; aprender que tem possibilidades de resposta e escolher qual a sua.

A ira é uma força criadora, modificadora do meio. O problema não está nela, mas em você agir de forma automática.

Um exemplo prático, então:

Todo dia de noite, eu ficava furiosa e berrava com o Estêvão por qualquer coisa. Eu dizia que a culpa era dele: ele que não tinha dormido ainda. Ele que me irritava. Ele que me cansava. Eu era vítima de um bebê de um ano. A vítima impotente de um bebê de um ano, que era obrigada a gritar com ele.

Depois eu comecei a observar a minha irritação e entendi que eu ficava irritada porque estava com fome. Eu ignorava todos os sinais do meu corpo, e aí vinha a irritação. Se eu jantasse antes de colocar o pequeno pra dormir, não me irritaria. Nesse caso, a irritação/agressividade estava me dizendo alguma coisa. Simplesmente reagir de forma agressiva era como jogar fora uma carta sem ler.

Não penso que a não-violência tenha a ver com apatia. Tem a ver com descrer da violência como caminho, para começar, e encontrar outras formas de arrostar os desafios da vida, como próximo passo lógico.

Se eu tenho, por exemplo, uma criança que me irrita abrindo um berreiro no meio da rua, a não-violência não vai me fazer ignorar a vergonha, ignorar a raiva e achar que tudo é lindo, considerando meus sentimentos e os da criança como pano de fundo. A não-violência vai me fazer dividir os sentimentos ali em várias partes: minha vergonha num questionamento sobre a quantidade de poder que eu dou à opinião de estranhos, por exemplo... O choro da criança, como uma mensagem que eu preciso compreender e responder adequadamente, e minha irritação como, por exemplo, uma mensagem do meu organismo dizendo que, se eu pudesse, estaria também estendida em decúbito dorsal chorando minhas pitangas, no passeio público.

Aí, idealmente, eu vou acolher a criança, eu vou me acolher e sugerir, por exemplo, que a plateia vá cuidar da sua vida, se não tiver nenhuma proposta de auxílio. Aliás, a não-violência exige muito mais sentimento que a reação sistemática. É o oposto da apatia.

Eu ainda sou agressiva em minhas relações. O que muda é que eu não acho que os outros pediram isso. Não acho que é meu direito. Não acho que é um caminho ideal. Se eu grito com minha filha, não é porque ela pediu por isso. É porque estou cansada, irritada, frustrada, sobrecarregada... Mas de jeito nenhum a culpa é dela. De jeito nenhum eu estou certa.

8. Seus assuntos são variados, mas voltam a temas recorrentes: respeito (aos deficientes, mulheres, crianças), não violência, maternidade, música. Existem outros assuntos que você gostaria de abordar?

Eu sempre senti que era desrespeitada, mas um dia me toquei que respeitava muito pouco as pessoas. Então, eu escrevo muito sobre isso porque eu mesma preciso ler. A gente confunde respeito com servilismo, com bajulação, mas não é nada disso. Respeito é você reconhecer a humanidade do outro, o direito de ser e existir do outro, acima, inclusive, da sua opinião sobre as escolhas dele, em particular. Quando você dá isso ao outro, recebe de volta.

Mas nem tudo que eu escrevo publico nas redes sociais. Contos, poesias, até romances... Mas ainda não encontrei minha voz direito.

9. Qual a diferença mais importante entre ser deficiente visual e vidente quando o assunto é maternidade?

Pra mim, é não poder olhar meus filhos com amor. Eu os olharia nos olhos, se pudesse. Não sei se me abaixar, tocar e falar com eles substitui cem por cento da interação visual. Gosto de pensar que sim, mas, obviamente, não posso ter a certeza e sou obrigada a viver com isso.

Eu sinto mais falta de interagir visualmente que de ver as coisas. Para o segundo, sempre existe simulacros; para o primeiro, não. Eu sei que as coisas mais importantes da vida (nascer, fazer amor, parir, morrer...), fazemos de olhos fechados. Mas para a construção desses momentos, seria bom ter os olhos bem abertos.

A cegueira me tira um pouco do presente, e é emocionalmente cansativo, às vezes, tentar me fazer presente com um sentido a menos, imersa em uma sociedade que, geralmente, acha que eu não me importo com isso.

10. E quando o assunto é profissão (escritora, professora, música)?

Acho que não há diferença, do modo como a maioria encara. Obviamente a cegueira me impõe um ser e estar diferente no mundo, mas não significa que seja necessariamente inferior ou mesmo defeituoso, e é esse um dos x's da questão, em toda essa história do deficiente. Humanizar o deficiente é entronizar essa verdade. O diferente de você não precisa ser menor, embora possa, naturalmente, ter desvantagens. Nada é perfeito, mas tudo pode ser melhorado. Esse é o paradoxo que faz tudo adquirir uma dimensão mais rica.

O cego na profissão, no mercado de trabalho, vai ter desafios a superar, vai ter que enfrentar muita coisa, muitas que os outros jamais sonham... Mas se a perspectiva for ajustada no sentido dele ser encarado como um ser humano antes de ser um deficiente, tudo vai acabar bem.

Esperam muito pouco de nós, então investem muito pouco em nós, e ainda dizem que somos maravilhosos. Aquele trocadilho: "deficiente, não; eficiente". Tem tanto empenho em declarar o óbvio, que parece que não acredita muito nele. Dizer que uma pessoa é eficiente é tão redundante quanto dizer que eu sou uma mulher. Claro que eu sou eficiente! Mesmo que eu fosse cega, surda, sem os dois braços e as duas pernas com sérias limitações mentais, seria eficiente. Nós, seres humanos, valorizamos tão pouco a nós e nossos semelhantes, que achamos que a nossa aparência nos define. E isso é loucura! Nos limita, sim; Nos define, não.

*** Nota da prefaciadora sobre as expressões "menas" e "materna" ***

Muitas das expressões e pequenas anedotas presentes neste livro vieram da internet. O termo "menas" – considerado incorreto pela norma culta do português – foi utilizado em discussões sobre maternidade, em que algumas mulheres diziam "não sou menas mãe porque..." inúmeras razões (por não ter tido parto normal, não ter amamentado, não usar produtos orgânicos, não levar ao parquinho, ter babá ou qualquer ponto que tenha gerado discussão sobre ser melhor ou pior na maternidade em geral).

Como o termo era recorrente e não era conveniente toda vez corrigir as mães com variante coloquial da língua portuguesa, acabou virando uma expressão bem humorada. Então, sempre que essas "iniciadas" na maternidade, que já brincaram com isso e já discutiram muito sobre diversos assuntos, falavam sobre algo que não era o "ideal", usavam o termo "menas", que por si só já trazia o sentido de "não sou uma mãe pior porque fiz determinada coisa", ou já era uma maneira divertida da mãe admitir "sei que não é o melhor, mas não sou menas".

Já o "materna" vem de um grupo de mães que recebeu esse nome, e acabamos por nos referir a determinada linha de comportamento e de opiniões com o termo "materna". Associado ao "menas", vem de não seguir aquela linha específica da maternagem.

Nos grupos de discussão sobre maternidade, vários termos acabam ficando de uso comum, quando antes não eram corriqueiros: maternagem, materna (ao invés de mãe). É meio maçom, meio "as iniciadas". Portanto, quando a Jobis fala de "menas materna", tem esse peso de "sou uma iniciada e não sigo essas obrigatoriedades".

---

[1] Professor Salazar Slytherin: personagem bruxo de Harry Potter que tem a habilidade de falar com cobras.

[2] Referência a Inferi (plural), ou Inferius (singular), personagens de Harry Potter que são mortos-vivos reanimados por meio de um feitiço das Trevas e apresentam corpos sólidos e sem vida. Por não serem seres vivos, são apenas usados como marionetes para cumprir ordens dos bruxos.

[3] Alvo Dumbledore, na história fictícia, é um personagem que, ainda jovem, perdeu os pais e a irmã, e tornou-se uma pessoa sábia e o bruxo mais poderoso de seu tempo.

[4] Peter Pettigrew é um homem baixo com cara de rato e nariz pontiagudo.

[5] Harry James Potter, protagonista da história. A tradução do nome James para o português é Thiago.

[6] Ensino doméstico.

[7] Ver nota da prefaciadora ao final do livro.